Renate Daimler
Das Buch der Erlaubnis

Renate Daimler

Das Buch der
Erlaubnis

Aus
Liebe
zu mir

Kösel

 Dieses Buch ist auch als E-Book erhältlich.

MIX
Papier aus verantwor-
tungsvollen Quellen
FSC® C014496
FSC
www.fsc.org

Verlagsgruppe Random House FSC® N001967

Copyright © 2017 Kösel-Verlag, München,
in der Verlagsgruppe Random House GmbH,
Neumarkter Str. 28, 81673 München
Umschlag: Weiss Werkstatt, München
Umschlagmotiv: © shutterstock/artyway
Satz: Uhl + Massopust, Aalen
Druck und Bindung: GGP Media GmbH, Pößneck
Printed in Germany
ISBN 978-3-466-30811-8

www.koesel.de

Inhalt

Vorwort

Wir erlauben uns viel mehr als alle Generationen vor uns. Wir sind freier, mobiler und selbstbestimmter. Doch sind wir das wirklich? Oder leben wir unbewusst noch immer nach alten Mustern, die uns mitgegeben wurden?

Erlaubt ist für ein Kind, was seine Eltern gutheißen. Und weil wir kein anderes Ziel haben, als geliebt zu werden, bemühen wir uns, ihren Anforderungen zu entsprechen. Wir sind stark und unabhängig, obwohl wir uns nach Versorgung sehnen, wir sind lustig, obwohl wir in unserem Inneren traurig sind, wir sind leise, obwohl wir gern laut und lebendig wären, wir sind besonders fleißig, weil wir durch Leistung Liebe bekommen.

Wer kennt sie nicht, diese Sätze, die uns so hartnäckig begleiten: »Nur die Starken kommen durch!« – »Der frühe Vogel fängt den Wurm!« – »Ohne Fleiß kein Preis!« – »Wer nicht hören will, muss fühlen!« – »Zuerst die Arbeit, dann das Vergnügen!« – »Sei doch vernünftig!« – »Bescheidenheit ist eine Zier…« Was wir als Kinder lernen, nehmen wir als Verhaltensmuster mit, ob wir es wollen oder nicht. Sie wurden uns im wahrsten Sinn des Wortes in unser Gehirn »eingeprägt«.

Wie wir mit diesen erlernten Mustern umgehen, ist unterschiedlich. Die einen folgen den traditionellen Spuren ihrer Ursprungsfamilie, die anderen steigen aus und machen es ganz anders, als Mama und Papa es von ihnen erwartet hatten. Doch auch das ist noch keine Freiheit.

Irgendwann merken wir, dass es Zeit wird, unsere automatisierten Handlungen zu hinterfragen – spätestens dann, wenn wir merken, dass wir uns in unserem Korsett der äußeren und inneren Gebote und Verbote nicht mehr wohlfühlen. Spätestens dann, wenn wir merken, dass unsere Lebenslust von Ansprüchen erdrückt wird und wir bei dem Lied »Das kann doch nicht alles gewesen sein« mitsingen.

Dieses Buch ist ein Aufruf zur Revolte. Raus aus den verkrusteten Bahnen und hinein in ein selbstbestimmtes Sein, in dem das zählt, was uns wirklich zufrieden macht.

Das klingt einfach und ist es doch nicht. Unsere Gehirnbahnen, in denen wir wie auf einer Computerfestplatte alle Gewohnheiten seit unserer Kindheit gespeichert haben, lassen sich nicht so leicht von ihren vertrauten Wegen abbringen. Und selbst wenn wir es doch schaffen, was werden dann die anderen sagen? Denn natürlich wollen wir geliebt werden. Nicht nur von uns selbst – und das ist schon schwer genug –, sondern auch von denen, die uns wichtig sind.

Die besorgten Fragen: »Und was wird mein Mann, was wird meine Frau, sagen?«, »Wie werden meine Eltern reagieren?«, »Was werden meine Kinder darüber denken?«, »Was werden die Nachbarn sagen?«, stellen sich meistens, wenn wir zu neuen Ufern aufbrechen wollen. Es wird immer jemanden geben, von dem wir vermuten, dass er oder sie uns ein Stoppschild vor die Nase hält.

Und hier fordert uns das Leben ein Kunststück ab. Denn wenn wir weiter auf der bequemen, breiten Straße der eigenen Beschränkung spazieren gehen, weil es einfacher ist, dann wird das mit der Zeit ein Verrat an uns selbst. Wenn wir uns weiter von unseren erlernten Kindheitsmustern und anderen Menschen bestimmen lassen, dann führen wir ein Leben, das uns verordnet wurde, und nicht unser eigenes.

Das Forschungsprojekt, zu dem ich Sie einladen möchte, führt uns in die Tiefe und die Hintergründe unserer Erlaubnismuster. Die Geschichten, die ich Ihnen dazu erzähle, habe ich so erlebt oder von anderen Menschen erfahren. Sie handeln alle vom Hineinwachsen und Ringen um ein authentisches Sein. An diesem Ringen führt kein Weg vorbei, wenn Sie es ernst mit sich meinen, denn das Leben ist keine Generalprobe.

Dieses Buch trägt den Untertitel: »Aus Liebe zu mir«, weil Erlaubnis immer mit Selbstliebe zu tun hat.

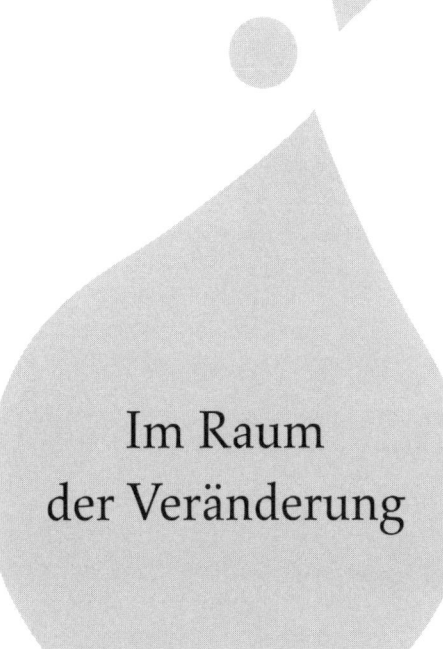

Im Raum
der Veränderung

Die Geschichte vom Camper 1

Der Zirkuswagen war rot mit goldenen Fensterläden, und auf dem Dach saß eine blauweiß gepunktete Katze. Das kleine Mädchen, das in dem Wagen mit seiner Mutter, einer Seiltänzerin, lebte, stand davor und jonglierte mit Bällen. Lolla war meine Zwillingsschwester. Das wusste ich genau, obwohl ich es niemandem sagen konnte, weil sie mir nicht geglaubt hätten. »Sie«, das war meine sesshafte Familie in Bregenz am Bodensee. Meine Eltern waren ehrbare Kaufleute, und der Zirkuswagen stand neben einem großen, rotweiß gestreiften Zelt auf Seite eins in meinem Lieblingsbilderbuch.

Ich war fünf Jahre alt und hatte nur einen glühenden Wunsch: Ich wollte mit Lolla in diesem Zirkuswagen leben und von einem Ort zum anderen ziehen. Der Grund dafür war nicht nur mein Nomadinnenherz, das noch immer in mir schlägt, es war auch die strenge Ordensschwester im Kindergarten, die mir immer auf die Finger schlug, weil ich mit der »bösen« linken Hand malen wollte.

Ich wusste genau, wie ich es anstellen konnte, damit Lollas Mutter mich mitnehmen würde. Ich würde einen Hund mit roten Ohren haben. Er war aus seinem Wurf ausgestoßen worden, weil er anders war als seine Geschwister. Aber hier könnte er mit mir in der Manege auftreten, und die Menschen würden ihm zujubeln, weil er etwas ganz Besonderes war.

Ich schlich um jeden Zirkus herum, der nach Bregenz kam, aber Lolla war nie dabei.

Mit siebzehn flüchtete ich aus meiner beschaulichen Kleinstadt nach Paris, mit achtzehn zog ich nach London weiter, und mit zwanzig landete ich dann in Wien.

Meinen Umzug in Österreichs Metropole verdankte ich der Tatsache, dass ich aus beruflichen Gründen täglich eine Zeitung aus meiner Heimat las, um mich als Mitarbeiterin des »Austrian National Tourist Office« auf dem Laufenden zu halten. »Stewardessen gesucht« stand in großen Lettern im Anzeigenteil, und plötzlich wurde mir bewusst, dass ich keine Lust mehr hatte, andere Menschen auf Urlaub zu schicken, ich wollte unbedingt wieder selber reisen.

In meinem Job als Flugbegleiterin blieb ich zwölf Jahre und kündigte rechtzeitig, bevor Fliegen zum Massentourismus wurde und die Idee der »Gastgeberin an Bord« nur noch für die erste Klasse galt.

Der Nomadin in mir war das recht. Sie liebt es, wenn Dinge sich ändern, und fand es richtig gut, dass ich im weiteren Verlauf meines Lebens Journalistin, Autorin, Radiomoderatorin, Systemische Beraterin, Kabarettistin auf meinen Lesungen, zertifizierter Outdoorguide und geprüfte Wanderführerin wurde. Auch dass ich in diesen vielen Jahren zwölf Mal in Wien umgezogen bin, fand meine Nomadin erfrischend. Fünf Mal davon mit zwei Kindern und einem Hund.

Heute bin ich sesshaft. Ich lebe gemeinsam mit meinem zweiten Mann, der kein Nomade ist, seit einigen Jahren in einem kleinen Haus an einem See in der Nähe von Wien. Meiner Nomadin gefällt das. Sie schwimmt, spricht mit den Pflanzen, streunt durch die Wälder, findet Wege, die nur Tiere kennen, und war bis vor Kurzem noch ganz zufrieden damit.

Doch dann kam plötzlich die alte Sehnsucht wieder, und mit ihr die Erinnerung an das kleine Mädchen, das schon mit fünf Jahren in einem Zirkuswagen leben und durch die Lande ziehen wollte.

Meine Nomadin will einen Camper. Ich weiß es schon länger, aber ich wollte ihr nicht zuhören.

Es gibt Dinge, die in einer Beziehung unpopulär sind. Meinen sesshaften Mann musste ich gar nicht fragen, was er von einem Wohnzimmer auf Rädern hält. Er liebt gute Hotels mit einem feinen Frühstückbuffet und würde nicht einsehen, warum er freiwillig in einem Blechauto schlafen soll und sich aus einem kleinen Kühlschrank, der vorher gefüllt werden muss, irgendwo in der Pampa selbst ein Frühstück machen soll.

Was sollte ich tun? Ich wusste es noch nicht. Aber meiner Sehnsucht nach einem Camper verdanke ich unter anderem, dass ich dieses Buch schreibe. Ich musste erforschen, ob es um die Erlaubnis geht, mir meinen Kindertraum, der mich schon so lange begleitet, zu erfüllen. Oder ob es darum geht, eine neue Form für diesen Traum zu finden.

Fortsetzung auf Seite 29

Ich bin das Projekt

Ich war noch nie mein eigenes Projekt. So wichtig fand ich mich nun auch wieder nicht, dass ich mich in den Mittelpunkt meines Lebens gestellt hätte. Das war schon immer so, denn wichtig und einmalig zu sein, lernt man üblicherweise in der Kindheit, und das kam damals bei mir zu kurz.

Meine Schwester war erst elf Monate alt, als ich als »Unfall« geboren wurde, weil der Frauenarzt meiner Mutter gesagt hatte, dass sie nicht schwanger werden könne, solange sie stillt. Niemand hat auf mich gewartet.

Als ich zwei Jahre alt war, kam mein Bruder zur Welt. Endlich ein Sohn, der den Schmerz linderte, dass das erste Kind, »der Stammhalter«, kurz nach der Geburt gestorben war. Ich fühlte mich noch mehr am Rand. Als meine jüngere Schwester geboren wurde, war ich drei. Wir waren verantwortlich für sie und mussten sie, sobald sie laufen konnte, zum Spielen mitnehmen. Ich war acht Jahre alt, als mein jüngster Bruder zur Welt kam. Und weil meine Eltern beide in unserem Geschäft arbeiteten und niemand Zeit für ihn hatte, gehörte er ganz mir. Das war der Tag, an dem ich eine kleine Erwachsene wurde. Ich liebte ihn über alles und stellte mir jeden Abend vor dem Einschlafen vor, dass wir ganz alleine in einem kleinen Haus im Wald lebten. Das war mein neuer Traum, nachdem sich meine Hoffnung nicht erfüllt hatte, mit Lolla, der Heldin in meinem Lieblingskinderbuch, in einem Zirkuswagen durch die Lande zu ziehen.

In meiner Kindheit hatte ich so gut gelernt, für andere zu sorgen und mich selbst dabei zu vergessen, dass ich auch später immer Projekte fand, die wichtiger waren als ich. Von Frauenrecht bis Umweltschutz, von Karriere bis Privatleben, mein Leben war bunt und aufregend, und ich fühlte mich wohl dabei. Von außen hätte niemand bemerkt, dass ich mich nicht gut um mich selbst kümmerte, nicht einmal ich selbst.

Und als eines Tages eine Lücke von fast einem halben Jahr in meinem Kalender entstand, weil ich weder Lust hatte, ein neues Buch zu schreiben, noch meine seit einem Jahrzehnt bewährte Fortbildung in Systemischer Strukturaufstellung anzubieten, war ich neugierig, womit sie sich füllen würde. Doch mit einem neuen Buch? Mit einem großen Auftrag? Mit einer neuen Ausbildung? Denn so war es immer. Die Dinge kamen zu mir, als ob sie auf mich gewartet hätten.

Der Tag, an dem ich erfuhr, dass ich selbst das Projekt war, das auf mich wartete, war ein Schock.

»Sie haben auf beiden Augen ein Glaukom, und wenn der Sehnerv weiter zerstört wird, sind Sie in Gefahr, blind zu werden«, sagte der Augenarzt, und ich wusste auch ohne Wikipedia, dass er den gefährlichen Grünen Star meinte.

Der Auftrag war klar und unmissverständlich. Meine beiden Sehnerven waren nicht gut genug durchblutet und damit unterversorgt. So wie ich auch. Mein Körper, dieser weise Ratgeber, hat mir ein Ultimatum gestellt, und ich wusste, dass ich es ernst nehmen muss.

»Ich schau auf mich«, versprach ich mir nicht nur für das nächste halbe Jahr mit den vielen Untersuchungen, sondern für immer.

Denn fast alles, was mir im Leben wichtig ist, hat mit Sehen zu tun: Ich liebe das Gesicht meines Mannes, wenn er mit seiner Mimik mehr sagt als mit Worten, ich forsche in den Gesichtern meiner Kinder und lese darin jenseits aller Worte. Ich schreibe, ich wandere, ich schwimme, ich beobachte, wie die Pflanzen in unserem Garten wachsen …

Aus dieser Erschütterung ist das Geschenk eines neuen Lebens geworden. Ich wurde zu meinem eigenen Projekt – und bin es noch heute, denn ganz so einfach, wie ich dachte, ist die Selbstfürsorge nicht.

Ich arbeite weniger und achte noch mehr darauf, dass alles, was ich tue, mir Freude macht. Ich versuche längere Erholungszeiten einzubauen und meide Menschen, die mir nicht guttun. Ich freue mich darüber, wenn es mir glückt, mir Phasen der Stille zu gönnen, in denen ich nur mir und meiner weisen Seele zuhöre.

Ich sage immer häufiger Nein zu Anforderungen von außen und öfter Ja zu mir selbst.

Und ich scheitere auch immer wieder, weil meine breiten Autobahnen im Gehirn mich dazu verleiten, in alte Muster zu verfallen.

Gleichzeitig spüre ich, dass sich mein Engagement für mich selbst lohnt. Ich bin freudvoller, dankbarer und glücklicher als je zuvor in meinem Leben.

Bin ich nun egoistisch, weil ich mein eigenes Projekt bin? »Egoistisch« ist ein Schimpfwort, das schnell ausgepackt wird, ohne zu hinterfragen, ob es sich nicht einfach um die Erlaubnis zur Selbstfürsorge handelt.

PS: Meine Augen, die mich daran erinnert haben, dass es jetzt endlich um mich geht, sind stabil geblieben. Ich sehe nach wie vor gut und bin zutiefst dankbar dafür.

Empfehlungen

- Falls der Satz »Ich bin das Projekt« Irritation in Ihnen auslöst, lohnt sich ein persönliches Forschungsprojekt über die Bedingungen in Ihrer Kindheit. Wurde ich erwartet, hatte ich Gelegenheit, wirklich wichtig zu sein? Musste ich frühzeitig für andere sorgen? Alleinerziehende Mütter oder Väter, kranke Geschwister, jüngere Geschwister, beruflich sehr beschäftigte Eltern, der Tod eines Elternteils und vieles mehr können solche Versorgungsmuster verursachen.
- Achten Sie auf die Nachrichten Ihres Körpers! Er ist unser bester Freund und macht uns darauf aufmerksam, wenn unser Leben nicht in Balance ist. Selbst eine kleine Grippe kann ein guter Hinweis darauf sein, dass wir Ruhe brauchen.
- Durchleuchten Sie Ihren Alltag! Wo stellen Sie sich hinten an, wo überlegen Sie nicht, welche Folgen Ihr Handeln für Ihr Wohlbefinden hat?
- Erlauben Sie sich, »Nein« zu sagen und die Spur der Anpassung an die Wünsche anderer zu verlassen.
- Treffen Sie selbst die Unterscheidung zwischen Egoismus und Selbstfürsorge.
- Das Wort »selbstlos« ist verdächtig. Erlauben Sie nicht, dass Sie Ihr eigenes Selbst loswerden.
- Haben Sie Geduld mit sich selbst. Es ist eine große Aufgabe, die breiten Autobahnen in unserem Gehirn zu verlassen. Mehr dazu in den Kapiteln »Erlaubnis im Kopf«, »Muster im Kopf« und »Gesundheit im Kopf«.

Aus Liebe zu mir

Da steht er, dieser Satz: »Aus Liebe zu mir.« Am Anfang dachte ich, dass es gar nicht so schwer ist, mich wirklich selbst zu lieben. Meinen Körper, meinen Geist und meine Seele. Und nun, da ich mehr in die Tiefe dieses Gefühls steige, merke ich, wie oft ich noch immer lieblos zu mir bin, obwohl ich doch schon weiß, dass ich »das Projekt« bin.

Ich komme aus einer Kindheit, in der die Fürsorge für meine Geschwister mir ein Stückchen Aufmerksamkeit und Liebe gesichert hat, und war nie eine kleine Prinzessin. Anders als meine Freundin und Schwägerin Elisabeth, die als Einzelkind aufgewachsen ist und bei der ich einen Kurs in Selbstfürsorge nehmen könnte. Wenn sie etwas nicht will, dann sagt sie einfach mit Nachdruck »Nein« und damit »Ja« zu sich selbst. Ich hingegen sage noch immer viel zu selten »Nein« und muss später die Rechnung dafür bezahlen.

So wie jetzt gerade wieder, als das alte Jahr endet. Ich hatte schon vor längerer Zeit bemerkt, dass meine Muskeln unzufrieden mit mir waren und ich immer steifer wurde. Nicht weil ich alt bin, sondern weil ich nicht mehr zum Yoga gehe. Im Sommer wandere und schwimme ich, aber dieses Dehnen, das mein Körper braucht, um sich wohlzufühlen, danach sehnt er sich im Winter.

Mir fehlt Yoga nicht, sage ich bockig, denn Yoga macht mir keinen Spaß. Es stimmt, es hat mir immer gutgetan und ich bin nach wie vor von seiner ganzheitlichen Wirkung überzeugt.

Als mein Körper mir seine Rechnung für meine Nachlässigkeit präsentierte, wusste ich, dass es Zeit war, etwas zu tun. Also besuchte ich meine Schamanin und Therapeutin Gabriele und machte eine Rassel-Session auf der Suche nach einer Erklärung, warum das, was mein Körper so sehr mochte, bei mir auf Widerwillen stieß.

Das Erste, was auftauchte, war Trauer und das Wort »Drill«, und ich verstand, dass die Genauigkeit der Yogaübungen, das viele »Richtig« und »Falsch«, das ich so gut aus meiner Kindheit kannte, Widerstand in mir erzeugte. Aber das war noch nicht alles. Ich fand mich in einem Dialog mit meinem Körper wieder, der sich bitter bei mir beschwerte: »Du kümmerst dich um deinen Geist und um deine Seele, und mich lässt du immer zurück. Jedes Mal, wenn die Zeit knapp wird, komme ich zu kurz. Dann streichst du das gesunde, gute Essen, die Spaziergänge, die ich so dringend brauche, oder die Ruhe, die notwendig ist, damit ich mich regenerieren kann. Und wenn du schon kein Yoga magst, obwohl es mir so guttut, dann erfinde bitte dein eigenes kreatives Übungsprogramm. Diese Disziplin und Fürsorge, die brauche ich von dir, wenn du gesund bleiben willst.«

Ich bin beschämt. Alles, was mein Körper mir vorwirft, stimmt. So habe ich das mein ganzes Leben lang gemacht.

Bilder tauchen auf. Ich sehe mich als junge Frau im Kampf gegen die Austrian Airlines, die ihre Flugbegleiterinnen mit sechsunddreißig Jahren zum Bodenpersonal versetzen, weil sie angeblich zu alt zum Fliegen sind. Ich sehe mich in der Wiener Innenstadt hastig ein Brötchen in mich hineinstopfen auf dem Weg zum nächsten Termin mit einem Minister, der uns helfen soll, dieses frauenfeindliche Alterslimit abzuschaffen. Ich sehe mich über Monate hinweg wach im Bett liegen, weil ich als Betriebsrätin mit meinen Kolleginnen entscheiden muss, ob wir einen Streik wagen sollen, obwohl unsere Gewerkschaft uns nur zögernd unterstützt. Es war ein Kampf bis zu meiner totalen Erschöpfung, den wir gewonnen haben.

Ich sehe mich als Mutter von zwei kleinen Kindern und einem Mann auf der Flucht und später im Gefängnis. In der Nacht liege ich wach und mache mir Sorgen. Am Tag bin ich für meine Kinder und meinen damaligen Ehemann da und tue alles, damit die Situation für sie leichter wird. Als meine Haut sich mit einem Ganzkörperausschlag gegen diese Überlastung wehrt, nehme ich die Situation immer noch nicht ernst und brauche einen Kreislaufzusammenbruch mit Krankenhausaufenthalt, damit sich jemand um mich kümmert. Mein Leben lang gab es Gründe, mich für eine gute Sache selbst zu verraten.

Heute ist der 27. Dezember, und ich verspreche meinem Körper, dass er im nächsten Jahr endlich Vorrang hat.

Wenn ich einem Veränderungsprozess zustimme, dann weiß ich, dass auch die notwendigen Zeichen auftauchen. Ich muss mir nur erlauben, sie zu bemerken. Dennoch war ich überwältigt von der Geschwindigkeit und Heftigkeit, mit der mein Körper meine Aufmerksamkeit einforderte.

Am 30. Dezember hatte ich ein Erlebnis, bei dem durch ein Missverständnis ein alter, emotionaler Schmerz aus meiner Kindheit heftig aktiviert wurde. Ich nahm es als Zeichen, meine Zellen von emotionalem Müll zu befreien, und ging in den Wald. Zuerst stampfte ich wütend vor mich hin und fütterte mein Selbstmitleid. Dann fühlte ich mich allmählich glücklich und frei und wusste, dass es Zeit war, mit meinem Ritual zu beginnen.

Es gibt Plätze in der Natur, die magisch sind. Es gibt sie überall, und sie brauchen kein Schild »Kraftplatz«. Ich zündete auf einer Waldlichtung, in der ich vorher noch nie gewesen war, zwischen drei Birken meinen Salbei an und bat um die Reinigung meines Körpers, meines Geistes und meiner Seele.

Am 1. Januar fühlte ich mich schlecht, am 2. Januar war ich krank und lag mit einem Grippevirus im Bett. »Bestellung angenommen«, sagte mein Körper. »Du hast dir einen Reinigungsprozess gewünscht.«

»Ja, danke«, antwortete ich. »Aber am 7. Januar muss ich wieder gesund sein. Da startet mein Seminar ›Ich bin das Projekt‹ für Menschen, die das neue Jahr mit einem Vorrang für sich selbst beginnen wollen.«

Mein Körper sagte nichts zu dieser Bedingung, die ich ihm stellte, also ging ich davon aus, dass er einverstanden war. Ich lag zuversichtlich im Bett und ließ es mir im Bewusstsein schlecht gehen, dass ich diesen kurzen Reinigungsprozess selbst gerufen hatte.

Am 5. Januar schrieb ich den Teilnehmerinnen eine Erinnerung, was sie zum Seminar mitbringen sollten, und fühlte mich schon so gut, dass ich beschloss, gesund zu sein und mich zum Morgenkaffee zu meinem Mann zu setzen.

Das Nächste, woran ich mich erinnere, ist, dass Carl mich anschreit und hart mein Gesicht tätschelt, damit ich wieder zurückkomme. Ich hatte einen schweren Kreislaufzusammenbruch.

Als ich dann erschöpft im Bett lag und mir erlaubte, endlich einfach bedingungslos krank zu sein und meinem Körper die Zeit zu geben, die er braucht, um wieder ganz gesund zu werden, verstand ich, dass ich ihn gerade wieder verraten hatte.

Kaum hatte ich ihm das Versprechen gegeben, dass er in diesem Jahr Vorrang haben wird, ließ ich ihn bei der ersten Gelegenheit im Stich und dachte nur daran, dass ich unbedingt ganz schnell wieder fit sein muss, damit ich mein Seminar halten kann. Doch mit diesem Funktionieren und Leisten müssen um jeden Preis, das ich so gut aus meiner Kindheit kenne, ist es nun vorbei. Wenn ich schon meine Versprechen nicht ernst nehme, mein Körper nimmt mich beim Wort. Und das ist gut so.

Was mir auch noch aufgefallen ist bei der Gelegenheit: Ich esse – auch wenn es nur getoastetes Dinkelbrot ist – und denke dabei an etwas anderes, ich dusche und überlege mir währenddessen, wie ich den Seminartag aufbauen soll. Ich ziehe in Erwägung, ob ich nicht doch für einen vereinbarten Termin für eine Stunde aufstehen soll. Und bei all dem geht es nie um meinen Körper und was er von mir braucht.

Aus Liebe zu mir werde ich jetzt lernen, besser auf ihn zu hören.

Empfehlungen

- Machen Sie eine Reise durch Ihre Lebensgewohnheiten, und finden Sie heraus, ob Sie Körper, Geist und Seele gleichermaßen wichtig nehmen. (Wenn Sie nicht an eine Seele glauben, fallen diese Überlegungen natürlich weg.)
- Fangen Sie dort an, Dinge in Ihrem Leben zu verändern, wo Ihnen Ihre Selbstfürsorge am meisten Freude macht, das ist leichter.
- Geben Sie nicht auf, wenn Sie in Ihrer Selbstliebe immer wieder scheitern. Wir sind es nicht gewöhnt, auf allen Ebenen gut für uns zu sorgen.
- Lassen Sie sich nicht beirren, wenn Sie auf Kritik von Außen stoßen. Es steht Ihnen zu, aus Selbstliebe auch unpopuläre Handlungen zu setzen. Das hat nichts mit Egoismus zu tun.
- Wundern Sie sich nicht, wenn sich Ihr Leben radikal verändert – zum Guten!

Im Raum der Veränderung

Die Erlaubnis zum guten Leben
als Hindernislauf

Ich weiß jetzt genau, wie Selbstfürsorge geht. Und wenn es klappt, dann erlaube ich mir ein richtig gutes Leben. Dann bin ich »mein Projekt«, spüre die Liebe zu mir selbst und pflege sie: mit mehr Zeit für mich, meine Familie und meine Freunde und mit einem Vorrang für meinen Körper, der so lange darauf gewartet hat. Dann kommt zuerst das Vergnügen, die Arbeit wird zum Spiel, und ich bin ganz richtig, wie ich bin.

Doch nun stehe ich erschöpft nach einer Woche der Überlastung an einem Seitenarm unseres kleinen Sees und bin ratlos. Schon wieder gescheitert mit meinem ambitionierten Projekt. Zu oft »Ja« und zu selten »Nein« gesagt. Alle guten Vorsätze wieder einmal über Bord geworfen.

Jede einzelne meiner Zellen vibriert unangenehm von den Anstrengungen der letzten Tage. Ich kann mir zugutehalten, dass ich es wenigstens merke, wenn ich den Pfad des Wohlbefindens verlasse. Ich kann für mich verbuchen, dass es immer häufiger auch klappt mit der so wohltuenden Selbstfürsorge. Aber wieso scheitere ich immer wieder so grandios?

Während ich mich in einer Mischung aus Selbstverurteilung und Selbstmitleid bade, beobachte ich am Wasser Berti, die Schwanengans. Sie war eines Tages da und hat seither das Mitgefühl der Dorfbewohner, weil sie ganz alleine ist. Keine

Freunde, keine Artgenossen. Und die Schwäne, denen sie sich immer wieder anzuschließen versucht, obwohl sie aussieht wie eine besonders schöne, zu groß geratene Ente, dulden sie nur manchmal. Niemand weiß, wie sie aus Zentralasien zu uns, an diesen Altarm der Donau gekommen ist, an dem solche Tiere nicht heimisch sind.

Berti, so haben wir Dorfbewohner sie getauft, sitzt träge am anderen Ufer des schmalen Seitenarms und sonnt sich. Doch plötzlich springt sie auf, schnattert aufgeregt und schwimmt hektisch auf mich zu. Während ich mich noch wundere, kommt eine Frau mit einem Sack Futter um die Ecke und ruft nach ihr. Die Schwanengans schwimmt ans Ufer, steigt an Land und frisst begeistert die Leckerbissen. Sie lässt sich auch vom Hund der Frau nicht stören, der direkt neben ihr sitzt und zuschaut.

Während Berti ihr Mittagessen genießt, bekomme ich von der Tierfreundin eine Erklärung für Bertis Verhalten: »Wenn ich zum Wasser spaziere, pfeife ich schon aus der Ferne, und dann reagiert sie sofort und schwimmt vom anderen Ufer herüber. Heute habe ich dem Futter etwas Salat beigemischt, sie wird mir langsam zu dick.«

Und plötzlich fällt es mir wie Schuppen von den Augen. Wenn eine Schwanengans in wenigen Monaten lernt, dem Pfiff dieser Frau zu folgen, dann ist es doch klar, dass meine eigenen Konditionierungen viel stärker und älter sind als die von Berti. Ich bringe sie aus meiner Kindheit mit, und sie hatten mehr als sechzig Jahre Zeit, breite Spuren in meinem Gehirn zu hinterlassen. Und selbst wenn ich meine Muster gut kenne, heißt das noch lange nicht, dass ich sie so leicht verändern kann. Das braucht Zeit, Geduld und vor allem Bewusstsein.

An die prägenden Sätze aus meiner Kindheit: »Nur wer arbeitet, darf essen« und »Zuerst die Arbeit, dann das Vergnügen« haben sich schon meine Eltern, Großeltern und Urgroßeltern gehalten. Sie sind seit Generationen als automatische Reaktionen auch tief in mein Gehirn eingegraben. Ich muss ständig etwas leisten, damit ich lebensberechtigt bin.

Und mein anderer Glaubenssatz: »Ich bin nicht richtig, wie ich bin«, hat dazu geführt, dass ich nicht gut Nein sagen kann, weil ich ja ständig beweisen muss, dass ich richtig bin.

Bei diesen Gedanken werde ich wieder ganz vergnügt und setze meine Seerunde fort. Ich sehe mich mit meinen Glaubenssätzen, die wie große, treue Hunde an meiner Leine gehen, durch die Welt wandern. Sie sind so stark, dass sie mich überall hinziehen, wo sie wollen. Soll ich sie nun ins Tierheim bringen und einfach aus meinem Leben verbannen? Oder kann ich sie zähmen und umbenennen?

Und plötzlich merke ich, dass ich meine Glaubenssätze auch mag. Sie haben mich empathisch und erfolgreich gemacht. Ich bin durch sie ein Mensch geworden, der viel leisten und für andere da sein kann. Ich bin richtig, wie ich bin! Ich muss nur die passende Dosis für mein Engagement finden und mir verzeihen, wenn mein spielerisches, neues Leben nicht sofort klappt.

Während ich auf meinem Lieblingsbaumstamm am Ufer sitze, wird mir klar, dass ich viele gute Gewohnheiten habe, zu denen auch meine regelmäßige Seerunde gehört. Und leider auch einige schlechte: Wenn etwas geregelt werden muss, bin ich die Erste, die sich meldet. Wenn jemand bedürftig ist, bin ich sofort zur Stelle. Wenn ich etwas leiste, muss es ganz besonders gut sein, denn sonst könnte es passieren, dass ich wieder nicht richtig bin, wie ich bin.

Ich sage meinen alten Gewohnheiten nicht den Kampf an, und sie dürfen auch weiter ein Zimmer bei mir bewohnen. Aber ich bin jetzt die Chefin hier und bestimme, wo und wann ich diese wunderbaren Begabungen einsetze, damit ich mein gutes Leben nicht immer wieder vertagen muss.

Empfehlungen

- In den Kapiteln »Erlaubnis im Kopf«, »Muster im Kopf« und »Gesundheit im Kopf« finden Sie eine detaillierte Beschreibung, wie automatische Reaktionen entstehen, und was Sie tun können, um sie zu entdecken und zu verändern.
- Haben Sie ein Herz für sich, wenn es nicht sofort klappt.
- Selbstkritik und Verurteilung sind Gift in unserem System und bringen Sie nicht ans Ziel.
- Konsequenz, Geduld und Humor sind bessere Begleiter.

Die Geschichte vom Camper 2

Seit ich mich wissen lasse, dass ich mich nach einem Camper sehne, sehe ich sie überall. Sie parken am Straßenrand, springen mir in Zeitschriften entgegen, ja sogar in einem Kochbuch war einer abgebildet als Symbol dafür, dass diese Gerichte so einfach sind, dass man sie auf einem kleinen Gaskocher zubereiten kann. Mein Gehirn hat meinen Camperwunsch als wichtig erkannt und zeigt mir verstärkt solche Bilder. Ich nehme es als Zeichen, dass mein fahrendes Wohnzimmer in mein Leben kommen will.

Doch weil ich mit den Jahren eine weise Alte geworden bin, halte ich vorerst einmal meinen Mund. Früher habe ich mich mit meinen spontanen Ideen, die ich immer gleich hinausgeplappert habe, ständig in Schwierigkeiten gebracht. Das war schon so, als ich mit siebzehn statt Zirkusakrobatin Schauspielerin werden wollte. Also beschließe ich, das Thema so lange im stillen Kämmerchen zu bewegen, bis ich mir selbst im Klaren bin.

Das ist richtig schwer. Denn beim morgendlichen Kaffee mit meinem Mann Carl, wenn wir einander erzählen, was uns gerade bewegt, lasse ich alles aus, was mit meinem neuen »Forschungsprojekt« zu tun hat. Zum Beispiel, dass ich über Campingplätze streune und mir Camper ansehe. Nicht dass ich jemals auf einem solchen Platz Urlaub machen möchte, das wäre nichts für mich. Aber dieses nette Ehepaar aus Bayern, das mich in sein mobiles Wohn-Schlaf-Ess-Zimmer geführt und mir begeistert von vielen Urlauben in einsamen Gegenden erzählt hat, nehme ich mir zum

Vorbild. Wer weiß, vielleicht wird sich mein naturliebender Mann doch noch an ein paar Unbequemlichkeiten gewöhnen können.

Ein paar Wochen vergehen, in denen ich mir das Leben leichter machen will und mir einrede, dass ich stattdessen vielleicht lieber einen kleinen Pavillon im Garten bauen sollte. Das interessiert meine Nomadin aber gar nicht. Empört lehnt sie den Vorschlag ab, weil ihr Wohnzimmer die Wälder sind: »Die Kinder und eure Gäste können auch in meinem Camper übernachten, er hat viele Nutzungsmöglichkeiten.«

Nun wird es Zeit für Klartext. In vierzehn Tagen findet Österreichs größte Camper- und Wohnmobilmesse statt. Ich bin eine so gnadenlos schlechte Lügnerin, dass ich es nicht schaffe, ohne Begründung einen Tag aus Carls Leben zu verschwinden.

Also breite ich meine Idee beim Morgenkaffee aus und komme mir vor wie damals, als ich sechzehn war und meinen Vater überzeugen wollte, dass ich mit meiner großen Liebe Wilfried auf einer Berghütte übernachten darf.

Alle, die sich wundern, warum ich meinen Mann mit meinem Vater vergleiche, lasse ich gerne wissen, dass Carl meinem Vater ähnlich ist, vor allem in seinen positiven Eigenschaften. Er ist klug, zuverlässig, strukturiert und mag Ordnung. Und außerdem ist er zusätzlich humorvoll, empathisch und sensibel.

Dafür nehme ich gerne in Kauf, dass er Überraschungen und spontane Aktionen nicht mag und meine Elfen und andere »Symbolisierungen« im Garten für verzichtbar hält. Trotzdem – der alte Mechanismus aus meiner Kindheit springt an. Mein Gehirn signalisiert mir: Achtung, Alarm, Prüfungssituation, und schon habe ich ein mulmiges Gefühl im Magen.

Carl sagt, was ich mir von ihm erwarte. Dass man sich so einen Camper mieten kann, dass ich mir ausrechnen soll, wie viele Male ich in einem schönen Hotel schlafen könnte für den Anschaffungspreis, dass das Gefährt wahrscheinlich den ganzen Winter

herumstehen würde. Besser hätte es mein Vater nicht sagen können.

»Killing dreams« ist ein Spiel, das ich gut kenne. Entweder
bringe ich meine Träume selber um, oder ich lasse mir dabei helfen. So war das früher einmal. Doch jetzt hat sich das verändert.
Ich bleibe dran, gebe zu, dass Carl mit allen Argumenten recht hat,
dass es aber nichts an meiner Absicht ändert, mein Projekt weiter-
zuverfolgen, weil es mich glücklich macht.

Was jetzt auch anders ist als früher: Ich ärgere mich nicht über
seine vernünftigen Argumente. Ich kann sie einfach neben meinem
Lebenstraum stehen lassen.

Fortsetzung auf Seite 57

Bin ich authentisch?

Als ich zwanzig war, dachte ich, dass ich sehr authentisch bin. Ich bin mit siebzehn von zu Hause abgehauen, weil mir die Kleinstadt, in der ich aufgewachsen bin, zu eng war. Zuerst nach Paris, dann nach London und von dort nach Wien. Ich dachte von mir, dass ich eine fröhliche Abenteurerin bin und dass die Welt mir gehört. Dann las ich das Buch von Alice Miller »Du sollst nicht merken«, das im Detail beschrieb, wie unglückliche Kinder sich in die Fröhlichkeit retten, weil es ihnen hilft, besser zu überleben. Ich konnte nichts damit anfangen.

Viele Jahre später fand ich heraus, dass mein Weggehen von zu Hause auch eine Flucht war, dass hinter meiner Unbekümmertheit eine tiefe Trauer steckte.

Es war ein langer Weg. Er hat mich gelehrt, dass viele Dinge nicht so sind, wie sie zu sein scheinen. Dass unter der Oberfläche meiner intakten Familie das unbearbeitete Entsetzen über den Tod meines erstgeborenen Bruders wohnte. Heute bin ich fröhlich aus mir heraus, und wenn ich traurig bin, darf ich es sein und muss es nicht mehr verbergen.

Am meisten habe ich durch die Beziehungen gelernt, die auf meinem Weg auf mich gewartet haben. Manchmal habe ich mich so verbogen, dass es mir ging wie der Frau in dem Film, die nicht wusste, wie sie ihr Frühstücksei mochte, weil sie es immer nur wie ihr jeweiliger Partner aß. Manchmal bin ich weggelaufen, bevor ich mich ganz verloren hatte, manchmal bin ich zu lange geblieben, bis fast nichts mehr von mir übrig war.

Heute kann ich mir mit gutem Gewissen ein Echtheitszertifikat ausstellen und bin viel authentischer als damals. Gleichzeitig weiß ich, dass in mir noch immer Potenzial zu noch mehr Echtheit ist.

Habe ich wirklich schon alle meine Gewohnheiten hinterfragt und nach ihrem Ursprung geforscht? Schwimme ich im Sommer täglich, weil ich es will, oder bin ich nur geprägt von dem weiten und großen Bodensee, der mein Kindheitstrost war? Arbeite ich noch immer mit großer Begeisterung, weil ich meinen Visionen folge, oder kenne ich, wie meine Eltern, nichts anderes als Arbeit?

Als ich jung war, nannten mich meine Freunde »schnelle Welle«. Ich ging nicht, ich rannte. Ich dachte nicht, meine Gedanken überschlugen sich vor lauter Geschwindigkeit. Ich handelte nicht mit Bedacht, ich sprang, und dann erst schaltete ich mein Gehirn ein. Ich habe Jahre gebraucht, um meine Hochgeschwindigkeit in ein Tempo zu verlangsamen, das mir heute guttut. Als Kind habe ich nie gelernt, was »Sein« bedeutet. In meiner Familie ging es immer nur ums »Tun«, und weil es nach dem Krieg mit fünf Kindern und einem Geschäft viel zu tun gab, habe ich mir angewöhnt, schnell sein.

Wir sind eine Mischung aus vielem – was uns in unserer Kindheit geprägt hat und darunter gemischt ein Cocktail von Genen, die uns beeinflussen. Die gute Nachricht ist, dass wir vieles auch ändern können, wenn es uns nicht mehr gefällt. Und selbst unsere Gene, sagt die neueste Forschung, lassen sich bis zu einem gewissen Maß ein- oder abschalten.

Es lohnt sich also, dass wir uns die Fragen stellen: Bin ich wirklich ich, und gefalle ich mir so? Wer war ich, bevor meine Eltern, meine Lehrer, meine Freunde und Liebespartner mir gesagt haben, wie ich sein soll? Darf ich mir erlauben, meine eingefahrenen Bahnen zu verlassen?

Empfehlungen

- Beobachten Sie eine Weile lang Ihren Alltag.
- Machen Sie sich Notizen über wiederkehrende Muster, und nehmen Sie wahr, was Ihnen Freude macht und was Sie nervt.
- Probieren Sie neue Dinge aus, die Sie sich nicht zugetraut hätten, auch wenn Sie vielleicht scheitern.
- Erinnern Sie sich an Ihre Kindheitsträume.
- Überlegen Sie nach Ihrem Forschungsprojekt, was Sie verändern möchten.
- Fragen Sie sich: Vor wem oder was fürchte ich mich, wenn ich Gewohnheiten ändere?
- Das Leben ist keine Generalprobe. Finden Sie den Mut, Ihre »beste Version« zu entwickeln.
- Mehr dazu können Sie in den Kapiteln »Erlaubnis im Kopf«, »Muster im Kopf« und »Gesundheit im Kopf« lesen.

Was verbiete ich mir?

Bevor ich weiß, was ich mir erlauben soll, muss ich wissen, was ich mir verbiete. Doch was ist mit den vielen geheimen Verboten, von denen ich nicht einmal weiß, dass ich sie in mir trage?

Ein Beispiel: Meine Mutter war sehr dynamisch. Aus heutiger Sicht würde ich sagen, sie hat sich aus einem schwierigen Leben in die Natur gerettet. Ihr Satz: »Die Sonne scheint, hinaus mit dir!«, hat eine breite Spur in meinem Gehirn hinterlassen. Ich muss mich bewegen. Am besten an der frischen Luft. Immer, bei jedem Wetter. Faul auf dem Sofa liegen, ist nicht bei mir. Auch nicht, wenn es regnet. Denn: Bewegung in der Natur macht mich glücklich.

Was daran schlimm sei, werden Sie sich jetzt vielleicht fragen. Ja, das stimmt, es ist nicht schlimm, und die Schäden, die man dadurch erleiden kann, sind sicher nicht dramatisch. Aber nur auf den ersten Blick. Das Getriebensein, das sich durch diese Botschaft in jeder einzelnen meiner Zellen manifestiert hat, war so stark, dass ich ganz schwer zur Ruhe kam. Ich hatte kein »Sitzfleisch«, wie meine Mutter zu sagen pflegte, und für sie war das ein Adelsprädikat.

Für mich wurde es mit der Zeit eine Behinderung, weil mir die Muße, einfach nichts zu tun und auch nichts tun zu müssen, fremd war, obwohl es mir verlockend erschien.

Leider habe ich, wie schon des Öfteren, mehrere kräftige Nachrichten meines Körpers gebraucht, um meine innere Programmierung zu verändern. Es begann mit einem Fersensporn. Ich konnte mehrere Wochen kaum gehen. Der kurze Weg von unserem Haus in die »Hafenschenke«, unserem Dorfzentrum für Gerüchte und guten Backhendlsalat, war eine Qual.

Kaum war der Schmerz vorbei, rannte ich wieder durch die Gegend. Da kam das nächste Signal: Eine Betonplatte knallte auf mein Schienbein und verletzte mich so schwer, dass ich einen Monat lang auf dem Sofa verbringen musste, damit sich die dünne Haut über dem Knochen wieder schließen konnte. Und weil auch das nicht reichte, holte ich mir bald darauf eine Brandverletzung am Unterschenkel von einem Motorradauspuff, da musste ich dann noch einmal ruhig sitzen.

Danach hatte ich es endlich verstanden. Seit dieser Verletzungsserie kann ich auch manchmal ruhig sitzen und genieße das in vollen Zügen. Sogar eine Siesta macht mir jetzt Freude. Doch zuerst musste ich sie noch vom Stigma des »Mittagsschlafs« befreien, der in unserer Familie heilig war und wo wir Kinder eine ganze Stunde lang auf Zehenspitzen durch die Wohnung schleichen mussten.

Noch ein Beispiel: Mein Vater kommt aus einer erfolgreichen Kaufmannsfamilie, in der seine Mutter das Sagen hatte. Sie war eine starke, geschäftstüchtige Frau, aber nicht von Anfang an. Als sie ganz jung war, starben ihre Eltern, und sie musste – was damals für eine unverheiratete Frau fast undenkbar war – die Bahnhofswirtschaft alleine führen. Das bedeutete, mit Männern zurechtkommen, die zum Frühstück ein Bier tranken und Gulasch aßen, und sie musste sich knallhart durchsetzen. Arbeit war ihr Leben, es gab kaum Raum für Privates.

»Erfolg ist wichtig, nur wer arbeitet, darf essen.« Das ist das Programm aus den Genen meines Vaters, das ich in mir trage. Es hat mir geholfen, bei allem erfolgreich zu sein, was ich in die Hand genommen habe. Was daran schwierig war? Ich habe oft einen hohen Preis dafür gezahlt und mir nicht erlaubt, mich zu fragen, ob ich ihn wirklich bezahlen will. Es war für mich immer klar, dass Scheitern mit Scham und Schande besetzt ist und nicht infrage kommt.

Auch das hat sich in meinem Leben verändert: Jetzt darf ich auch scheitern. Ich darf sogar Dinge loslassen, obwohl sie erfolgreich sind, wenn ich keine Lust mehr dazu habe. Ich darf Neues ausprobieren, auch wenn das fast alle außer mir bescheuert finden. Durch diese neue Sicht auf mich konnte ich mir erlauben, mit siebenundsechzig Jahren eine Ausbildung zum Outdoorguide und zur geprüften Wanderführerin abzuschließen, damit ich Menschen mit ihren inneren Prozessen in der Natur begleiten darf.

Wie das von meinem Umfeld kommentiert wurde, möchte ich hier nicht detailliert wiederholen. Dass ich bei Regen fünf Tage lang unter einer Plane im Wald schlief, und das in meinem Alter, dass ich im Winter Iglus baute und darin übernachtete … Mir ist in diesem Jahr der Ausbildung die Natur so nahe gekommen, dass ich zutiefst dankbar dafür bin, auch wenn ich nicht alles, was ich gelernt habe, in meinem Alltag wiederholen möchte.

Es war ein langer Weg, bis ich mir immer mehr erlauben konnte, ich selbst zu sein. Und dieser Prozess ist noch lange nicht abgeschlossen. »Bin ich auch wertvoll, wenn ich einfach nur ich bin, oder muss ich immer etwas dafür leisten?« Diese Frage stellt sich inzwischen nur noch selten. Und dennoch tauchen manchmal noch subtile Verbote auf, die ich in eine Erlaubnis verwandeln kann.

Empfehlungen

- Wie heißen die Sätze aus Ihrer Kindheit, die Sie geprägt haben? Lesen Sie mehr dazu im Kapitel »Muster im Kopf«.
- Was tun Sie schon seit Jahren, und macht es Ihnen wirklich noch Freude?
- Fühlen Sie sich gestärkt und steigert es Ihre Energie?
- Würden Sie es auch tun, wenn Sie nur noch kurz zu leben hätten?
- Was wären die Konsequenzen, wenn Sie es nicht mehr tun?
- Sind Sie bereit, die Konsequenzen zu tragen?
- Falls nicht, was ist der Preis dafür?
- Gibt es Verbote, vielleicht aus Ihrer Kindheit, die Sie bisher daran gehindert haben, sich etwas zu erlauben, was nicht zu Ihrer bisherigen Lebensspur passt?
- Sind Formen vorstellbar, wie Sie diese Verbote heute in eine Erlaubnis verwandeln könnten?

Erlaubnis in kleinen Schritten

Wasser macht süchtig. Als ich ein Kind war, wusste ich das nicht. Ich lebte von Mai bis Oktober im Schwimmbad und fand das ganz normal. Meine Hausaufgaben schrieb ich am Boden kniend, eine Holzbank war mein Tisch. Wenn es regnete, bauten meine Geschwister und ich zwischen den Dauerkabinen, von denen eine unseren Eltern gehörte, aus Liegebetten und Badetüchern kleine Häuser und schwammen im See. Es gab nur vier Regeln: Am Vormittag mussten wir zur Schule gehen, am Mittag zum Essen zu Hause und am Abend wieder zurück sein sowie bei Donner und Blitz nicht ins Wasser gehen.

Jahrzehnte später, als ich bald sechzig war, wusste ich, dass ich wieder am Wasser leben musste, ich sehnte mich immer mehr nach meinen Wurzeln in der Natur. Aber ich wollte nicht zurück an den Bodensee meiner Kindheit, ich fühlte mich wohl in Wien.

Carl, mein Mann, fand den Gedanken, ein Haus an einem der Gewässer rund um die Stadt zu suchen, nicht förderungswürdig. Er ist auf dem Land aufgewachsen und kein Fan der Idee, wieder in die Enge einer ländlichen Idylle zurückzukehren.

Und so kam es, dass ich mir eines Nachmittags erlaubte, am Neusiedlersee, dem »Meer der Wiener«, spontan einen gerade frei gewordenen Platz in der begehrten ersten Reihe eines Campingplatzes zu pachten.

Ich wusste, dass Carl solche spontanen Entscheidungen

nicht mag. Doch der Preis für die Aussicht aufs Wasser war erschwinglich, und schließlich, sagte ich mir leicht trotzig, ist es ja mein eigenes Geld, das ich hier investiere. Das Uraltwohnmobil der Vorpächterin, das ich kaufen musste, verschenkte ich an eine Familie, die es im Garten als Kinderhaus aufstellte. Mein »Strand-Ei«, wie ich meinen liebevoll renovierten Retrowohnwagen nannte, machte mich glücklich.

Am Abend saß ich vor meinem kleinen Campinghaus am See und schaute aufs Wasser, bis die Dunkelheit nur noch die Geräusche der Wellen zu mir trug, und hüllte mich in meinen Wollponcho ein. Carl kam nicht in mein Paradies. Doch er würde, so beruhigte ich mich, sich mit der Zeit an diesen Platz gewöhnen.

Er kam tatsächlich – an einem Freitagnachmittag setzte er sich neben mich auf einen der blauen Klappstühle auf meiner kleinen Holzterrasse. Es war Idylle pur, und ich schöpfte Hoffnung, dass wir von nun an unsere Wochenenden hier gemeinsam verbringen könnten.

Das Paar neben mir waren sehr nette jüngere Leute. Sie kamen aus ihren Büros, zogen sich in ihrem Campingwagen die Surfanzüge an und blieben bis zum Abend auf dem Wasser. Doch ausgerechnet heute war alles anders. Meine Nachbarin, die sonst nicht viel sprach, hatte zwei Freundinnen zu Besuch. Die drei Frauen tranken ab vier Uhr nachmittags Sekt und führten sich so auf wie die meisten von uns, wenn wir mit Freundinnen und in Abwesenheit der Männer uns gegenseitig die Welt erklären und dabei immer wieder nachschenken.

Das war's dann. Mein Mann, der Campingplätze sowieso verabscheut und auch keinen Trost darin fand, dass wir einen ungehinderten Blick aufs Wasser hatten, kam nie mehr nach Breitenbrunn. Das war also keine Lösung.

Ich musste mein Wasser-Projekt neu starten.

»Ich brauche Erde unter den Füßen und Wasser, in dem ich jeden Tag schwimmen kann. Könnten wir nicht doch ein Haus in der Natur kaufen?«

Die Zeit drängte, nun war ich bald sechzig, und mein Traum ließ mich nicht mehr los.

»Wenn dir das so wichtig ist, dann kauf du dir doch ein Häuschen am Wasser. Ich bleibe in der Stadt und wir besuchen uns gegenseitig.«

Ich verstand das als Erlaubnis, die ich mir in meiner Sorge um die Qualität unserer Beziehung wahrscheinlich selbst nicht gegeben hätte. Und weil ich eine Frau der Tat bin, fuhr ich von nun an mit dem Rad in jeder freien Minute an der alten Donau, unserem städtischen Badeparadies, entlang und suchte nach Schildern »Haus zu verkaufen«.

Mir war der Preis bewusst, und ich war bereit, ihn zu bezahlen. Wir würden zwei Haushalte haben und eine komplizierte Logistik, um unser Liebesleben aufrechtzuerhalten.

Nach ein paar Monaten, als klar war, dass ich an meinem Traum dranbleiben würde – ich suchte noch immer –, schaute Carl mich mitfühlend an und sagte: »Und was, wenn wir uns gemeinsam ein Wochenendhaus am Wasser mieten?«

Der Mann, den ich liebe, hat wirklich ein Herz für mich. Es war ein Liebesdienst für mich, das wusste ich, und weil meine Sehnsucht groß genug war, erlaubte ich mir, ihn anzunehmen.

Dinge, die von einer gemeinsamen Energie getragen werden, manifestieren sich leichter, und so fanden wir kurze Zeit später ein kleines Häuschen am Wasser. Es hatte kaum fünfzig Quadratmeter, und weil es kein Trinkwasser im Haus gab, musste ich mit meinen Flaschen täglich zur öffentlichen Wasserstelle pilgern. Es war wunderbar und ein guter nächster Schritt zur Erfüllung meines großen Traums.

Ich fuhr schon am Donnerstag aufs Land, setzte mich im

Winter vor den wunderbaren Holzofen, den wir gekauft hatten, und wühlte im Sommer, bis es dunkel wurde, im Garten. Am Freitag kam Carl, und wenn wir am Montag zurück in die Stadt fuhren, war ich satt und glücklich von so viel Natur.

Mein Blick für das Schild »Haus zu verkaufen« blieb dennoch weiter geschärft. Auch wenn ich zufrieden war, spürte ich, dass meine Sehnsucht, jeden Tag an diesem Ort zu erwachen und den Schwänen beim Fliegen zuzusehen, mich weiter begleiten würde.

Als wir nach zwei Jahren ein paar Häuser weiter unseren »Alterssitz« kauften, war ein Weg in kleinen Schritten zu Ende. Keiner musste dabei mit dem Kopf durch die Wand, weil wir gemeinsam einen Prozess durchlaufen hatten, der uns in ein Leben im Einklang mit der Natur geführt hatte.

Manche Dinge brauchen eben Zeit und Durchhaltevermögen. Und vor allem die Erlaubnis, die nur ich selbst mir geben kann, meine Lebensträume ernst zu nehmen.

Empfehlungen

- Verzichten Sie nicht auf Ihre Grundbedürfnisse, weil Sie Angst haben, dass das die Beziehung nicht verkraftet. Auch ein Verrat der eigenen Lebenswünsche kann die Beziehung zerstören, weil wir unserem Partner oder der Partnerin den Verzicht heimlich vorwerfen.
- Haben Sie den Mut, sich aus der Komfortzone der faulen Kompromisse zu klaren Lösungen durchzuringen, und erlauben Sie sich auch unpopulär zu sein.
- Wenn der Satz: »Dir zuliebe habe ich dies und jenes nicht getan« in uns auftaucht, dann sollten wir wissen, dass es unsere eigene Verantwortung war, uns selbst zu verraten.

- Wenn der große Traum nicht sofort zu verwirklichen ist, lohnt es sich, mit bescheideneren Versionen in kleinen Schritten zu beginnen.
- Überprüfen Sie, ob Sie Ihrer eigenen »Erlaubnis« folgen oder ob sie vielleicht zu lange auf die Erlaubnis anderer warten.
- Ziehen Sie dort eine Grenze, wo zu lange Geduld zum Verrat an Ihnen selbst wird.

Über die Schwelle treten

Während ich noch falle, weiß ich, dass ich tot oder schwer verletzt sein werde. Es ist nur eine kleine Schwelle, die mich zu Sturz gebracht hat, und es geht alles so schnell, dass ich keine Chance habe, mich zu schützen oder abzustützen. Ich liege auf dem kalten Marmorboden und höre in der Ferne die entsetzten Stimmen der Frauen, die ich auf ihrer Reise zu sich selbst begleite, meinen Namen rufen. Und nach einer langen Minute des Schocks sage ich den einfachen Satz: »Ich lebe.«

Ich bewege vorsichtig meine Arme und Beine und berühre mein Gesicht. Meine Hand ist voller Blut, aber es ist nur ein kleiner Schnitt auf meiner Wange, der bald verheilen wird.

Eine halbe Stunde später sind wir schon in der Morgendämmerung unterwegs durch die berühmte Samariaschlucht, die uns um diese Zeit alleine gehört. Es ist wie ein Wunder, dass ich ohne Schmerzen wandern kann.

Mir gibt dieses Ereignis zu denken, weil ich nicht zum ersten Mal von meiner inneren Führung einen Tritt bekommen habe. Manchmal brauche ich offensichtlich Hilfe, damit ich mich traue, über eine Schwelle zu treten. Entweder haben sich dann Dinge oder Menschen aus meinem Leben verabschiedet, damit ich weitergehen kann, oder mein Körper hat mir zugerufen, dass es Zeit für Veränderung ist.

Ich erinnere mich bei einem Berufswechsel, vor dem ich Angst hatte, an eine Serie von deutlichen Hinweisen, mich endlich zu verändern. Von einer Blinddarmreizung bis zu einer Nierenbeckenentzündung und einer Gehirnerschütterung nach einem Sturz beim Skilaufen habe ich mir alles ins Leben geholt, um nicht mehr in diesem inzwischen ungeliebten Job arbeiten zu müssen.

Jede Erlaubnis, das weiß ich jetzt, hat eine Eingangspforte, durch die wir in das Neue gehen und Altes, Hinderliches zurücklassen müssen.

Wir sind fünf Frauen. Ich führe uns eine Woche die Südküste von Kreta entlang. Jeder Tag ist Schritt für Schritt der inneren Neuausrichtung gewidmet. »Nomadisch wandern« bedeutet ein einfaches Leben. Wenig Gepäck, einfache Unterkünfte, am Abend eine Taverne am Hafen, in der wir den Tag Revue passieren lassen. Wenn die Sonne aufgeht, ziehen wir weiter, damit die Natur ein paar Stunden uns alleine gehört.

Schweigend gehen wir, vorbei an steilen Felsen, durch enge Schluchten, am Meer entlang, und immer wieder halten wir inne und tauschen uns aus über das, was uns bewegt, über das, was wir uns erlauben wollen. Die Natur ist eine geduldige Zuhörerin. Sie schenkt uns schattige Haine, einsame Strände, magische Steinkreise, zufällig entstanden oder von Menschenhand erschaffen.

Beate wird sich von ihrem Mann, der sich in eine andere verliebt hat, scheiden lassen. Veronika hat nach vielen Jahren als Single wieder eine neue Liebe gefunden und ringt darum, einen gemeinsamen Alltag zu finden, der ihrer Selbstständigkeit entspricht. Mirjam trauert um ihren Mann, den sie zwei Jahre bis zu seinem Tod gepflegt hat, und muss ein Leben ohne ihn beginnen. Irma kämpft um die innere Erlaubnis, ihre schwerbehinderte Tochter, die sie seit ihrer Geburt hingebungsvoll betreut, ein Stück freizugeben, damit sie selber wieder mehr leben kann.

In den ersten Tagen geht es um Verzeihen und Loslassen.

Auch wenn die Geschichten der Frauen unterschiedlich sind, in der Essenz ähneln sie einander.

Wenn wir frei für das Neue sein wollen, dann sollten wir den Groll und die Verletzungen in die Vergangenheit entlassen. Dann geht es darum, dass wir nicht nur den Menschen verzeihen, die an schmerzhaften Situationen in unserem Leben beteiligt waren, sondern auch uns selbst.

Das ist das Schwierigste. Wir alle sind in unserem Leben schon einmal zu lange in Beziehungen geblieben, die nicht mehr gestimmt haben. Wir alle haben schon einmal erlaubt, dass der Platz, der uns zusteht, begrenzt wurde. Wir alle haben durch unsere eigene Unklarheit dazu beigetragen, dass Dinge in unserem Leben Raum hatten, die wir eigentlich nicht wollten.

Es gibt einen Königsweg aus diesen schwierigen Situationen: die Verantwortung für unsere eigenen Handlungen zu übernehmen. Und Verständnis zu haben. Vor allem für uns selbst. Und vielleicht gehört vorher auch noch der Zorn dazu.

Da tauchen dann plötzlich kleine Menschen auf in den Geschichten, die wir uns erzählen. Babys, die sich schon im Mutterleib unerwünscht gefühlt haben, weil sich niemand über sie freute. Kleine Mädchen, die von ihren Vätern in deren eigener Überforderung geschlagen wurden, Kinder, die sich fremd fühlten in ihren eigenen Familien und sich Elfen als Freunde suchten. All das macht verständlich, warum wir Mühe haben, für uns einzutreten. Sätze tauchen auf, die typisch sind, wenn wir glauben, dass die Liebe einen hohen Preis hat: »Lieber verrate ich mich, bevor ich dich verliere.« Oder: »Ich muss so viel tun, damit ich dazugehöre.«

Beate entdeckt auf ihrer Reise, dass sie wirklich willkommen ist in diesem Leben, auch wenn sie dieses Gefühl als Kind nie kennengelernt hat. Sie spürt, dass das Universum für sie sorgt und die Trennung von ihrem Mann letztendlich auch ein Geschenk, eine Erlaubnis für ein neues, selbstbestimmtes Leben ist. Veronika erkennt, dass sie für sich einstehen muss und sich die Erlaubnis geben darf »Nein« zu sagen, auch wenn das für ihre Umgebung unbequem ist. Mirjam kann den Zorn zulassen, dass ihr verstorbener Mann sie nicht vor seiner Familie geschützt hat, und gleichzeitig in Frieden damit sein und ihre Liebe zu ihm spüren, die Raum und Zeit überdauert. Irma erfährt zum ersten Mal, wie sehr sie es gewöhnt ist, alles allein zu machen, und dass ihr guter Schutzpanzer ihrem Partner bisher wenig Chancen ließ, ihr nahezukommen.

Ich begleite diese wunderbaren, mutigen Frauen auf ihrem Weg zur Erlaubnis für ein gutes Leben, und gleichzeitig bin ich eine von ihnen.

Mein Sturz am dritten Tag der Reise beschäftigt mich. Was ist die Botschaft, was soll ich daraus lernen? Die einfache Nachricht liegt auf der Hand: Ich kann heute über Schwellen gehen, und es passiert mir nichts. Ich bin geschützt, wenn ich mutig neue Wege beschreite. Ich darf Bewährtes zurücklassen, weil es mich nicht mehr freut, und Neues ausprobieren, so wie diese Art von Reisen.

Die zweite Nachricht ist auch noch leicht zu entschlüsseln: Dort, wo ich zögere, über eine Schwelle zu treten, weil ich den Mut nicht habe, hilft mein Unbewusstes ein bisschen nach und gibt mir einen Tritt. Die dritte Nachricht war nicht so leicht zu entschlüsseln, weil sie mit einem anderen Ereignis verknüpft ist, das ich so gut in meiner unbewussten Erinnerung verräumt habe, dass mir der Zugang bisher gefehlt hat.

Ein Traum zeigte mir den Weg: Ich sehe mich noch einmal beim Frühstück in diesem Restaurant, das mitten im Raum eine kleine Schwelle hat, damit auch die Gäste an den hinteren Tischen aufs Meer sehen können. Ich falle wieder. Und auch in meinem Traum stehe ich schnell wieder unversehrt auf. Doch diesmal steht mein Vater neben mir, und ich spüre, dass er mich schützt und Schlimmeres verhindert hat.

Mein strenger Vater, der mir so viel verboten hat. Den ich mehr gefürchtet als geliebt habe. Diesen Frieden mit ihm, den brauche ich, wenn ich mir erlauben will, noch mehr ganz die zu sein, die ich wirklich bin.

Beim Wandern in der Stille der Wälder taucht plötzlich ein anderer Sturz auf: Ich bin sechzehn Jahre alt und mit meinem Vater, der jeden meiner Schritte bewacht, auf Urlaub in einem Ferienclub. Ich möchte gerne reiten lernen, diese Freiheit spüren, die ich von Bildern und Geschichten kenne, wenn das Pferd und ich eins werden und durch die Felder galoppieren. Mein Vater erlaubt es mir nicht. Ich reagiere trotzig, weil ich nicht verstehe, dass er Angst um mich hat.

Im Reitstall gebe mich als erfahrene Reiterin aus, setze mich auf ein Pferd und reite los. Das Tier spürt meine Unsicherheit und wirft mich nach kurzer Zeit ab. Ich falle, und noch ehe ich den Boden erreiche, weiß ich, dass ich tot oder schwer verletzt sein werde.

Ich bin schwer verletzt, schaffe es aber, mit unglaublichen Schmerzen bis zu unserer Ferienhütte zu humpeln, und sage nichts. Ich habe Angst, weil ich etwas Unerlaubtes getan hatte.

Mein Vater hält mich für einen beleidigten Teenager, weil ich nicht mehr aufstehe, und lässt mich in der Hütte zurück. Zwei Tage lang schaffe ich es, meinen Zustand zu verbergen – mit Hilfe von Ferienfreunden, die mich zum Strand und wieder zurück tragen, die mich mit Essen vom Buffet versorgen. Als ich meine schweren Verletzungen nicht mehr verbergen kann, bringt mich mein Vater in ein Krankenhaus: Alle Querfortsätze meiner Lendenwirbelsäule sind gebrochen.

»Ihre Tochter hat großes Glück, es ist ein Wunder, dass sie nicht querschnittgelähmt ist.«

Jetzt, fünfzig Jahre später, in dieser starken kretischen Landschaft, kann ich plötzlich meine Trauer und mein Mitgefühl für dieses junge Mädchen spüren. Bisher habe ich meine Geschichte immer wie eine witzige Anekdote erzählt. Die Verzweiflung und die Einsamkeit dieses unverstandenen Kindes an der Schwelle zur Frau wird mir erst jetzt bewusst. Damals habe ich eine Grenze überschritten und dafür mit Schmerzen bezahlt, die mich viele Jahre begleitet haben.

Heute kann ich mutig bewusst Schwellen überschreiten. Und mein Vater? Ich bin im Frieden mit ihm. Ich verstehe seine Sorge um mich und dass er ein Mann war, der aus dem Krieg kam und seine Gefühle nicht zeigen konnte.

Auch eine Reise hat eine Eingangs- und eine Ausgangspforte. Ein letztes Mal sitzen wir gemeinsam auf der Dachterrasse unseres Hotels mit Blick auf den Hafen. Wir reichen einander die Hände und geben uns selbst das Versprechen einer neuen Ausrichtung: Achtsam spreche ich, achtsam gehe ich, achtsam trete ich durch meine Pforte der Erlaubnis und durchquere den Fluss der Wandlung.

Empfehlungen

- Jede Erlaubnis hat einen Eingang, eine Schwelle und ist kein offenes Tor, durch das Sie achtlos schlendern sollten.
- Wenn Sie neue Wege gehen möchten, treten Sie bewusst über diese Schwelle, lassen Sie das Alte zurück, und schließen Sie die Vergangenheit ab.
- Wenn Sie anderen und sich selbst verzeihen, sind Sie frei für das Neue.
- Erlauben Sie sich, an Fügungen und an Ihre innere Führung zu glauben.

- Beachten Sie die Hinweise am Weg, und gehen Sie mit offenen Augen durch die Welt.
- Vertrauen Sie darauf, dass Sie in Ordnung sind, wie Sie sind.

Die Bewertungsmaschine
in meinem Kopf

Die Bewertungsmaschine in meinem Kopf arbeitet unermüdlich. Sie fällt ständig Urteile. Über mich und über andere. Das wäre nicht so schlimm, wenn sie objektiv wäre. Doch leider ist sie sehr subjektiv und sieht die Welt durch die Brille meiner Prägungen. Das ist mir früher nicht aufgefallen. Heute finde ich es ziemlich lästig und habe sie schon gebeten, ihre Arbeitszeit zu reduzieren. Bisher schon mit ganz beachtlichem Erfolg, denn immerhin merke ich inzwischen, wenn sich Müll in meinem Kopf ansammelt, weil ich meinen Gedanken erlaube, vor sich hin zu galoppieren.

Das fängt schon in der Früh an, wenn ich mich nach längerer Zeit wieder einmal auf die Waage stelle und mich für meine mangelnde Disziplin verurteile. Es geht damit weiter, dass ich in den Spiegel schaue und dies und jenes über mich denke. Leider, wenn ich spontan bin, meistens nichts Gutes. Das habe ich schon in meiner Kindheit gelernt. »Eigenlob stinkt«, hieß der Satz, und wenn ich mein Spiegelbild wieder einmal mit einem »O Gott, wie sehe ich denn aus« begrüßt habe, weiß ich, dass jetzt eine Entschuldigung fällig ist. Dann singe ich in der Dusche, während ich mich einseife, zum Ausgleich für meinen Körper »Du bist ja so schön«… nach der Melodie des Songs »…bei mir bist du scheen«.

Denn eines ist mir inzwischen klar geworden: Es ist schwierig, ein wunderbares Wesen zu sein, wenn ich mich ständig negativ bewerte.

Dennoch erwische ich mich immer wieder bei unangenehmen Anreden. Von »Mein Gott, nicht schon wieder…«, wenn ich mein Handy vergessen habe und ins Haus zurücklaufen muss, bis zu »Kannst du endlich deinen Schlüssel immer ins gleiche Fach in der Handtasche legen!«. So rufe ich mir immer wieder im Befehlston Aufforderungen zu.

Dabei kann mein armes Gehirn gar nichts dafür, dass es immer wieder Dinge vergisst. Es ist nicht für Multitasking gebaut. Und weil ich ihm ständig zumute, das eine zu tun, während ich schon an etwas anderes denke, kann es sich nicht konzentrieren.

Meine Bewertungsmaschine begnügt sich natürlich nicht damit, mich selbst zu bewerten. Sie nimmt sich die ganze Welt vor.

Kaum bin ich aufgestanden, bewerte ich das Wetter, dann den Schreiber einer doofen E-Mail, und wenn ich das Haus verlasse, bewerte ich ganz automatisch auch noch die Kleidung oder die Laune der Leute, denen ich begegne. Gar nicht zu reden vom Fahrstil der anderen Verkehrsteilnehmer. Und wenn mir jemand etwas erzählt, dann bewerte ich sofort, ob ich den Umgang mit dieser Situation gut finde. Gott sei Dank halte ich inzwischen wenigstens meinen Mund und gebe keine ungebetenen Ratschläge.

Meine automatische Bewertungsmaschine meint das nicht böse. Sie registriert einfach alles, was sie sieht, vor allem das Negative, und gibt ihre Meinung dazu ab. Das Schwierige daran ist, dass mir das nicht guttut, selbst wenn mir klar ist, dass unser Gehirn so gebaut ist, dass es Negatives besser registriert als Positives.

Und das möchte ich mir nicht mehr erlauben. Ich möchte ab jetzt verstärkt das Schöne in meinem Alltag wahrnehmen und in meinem Speicher aufbewahren. Das macht mein Leben heller und hilft mir, meine Zellen vor Müll zu schützen.

Rückfälle sind erlaubt und werden nicht mehr negativ bewertet.

Außerdem befinde ich mich in bester Gesellschaft. Angeblich produzieren wir sechzigtausend Gedanken pro Tag, von denen nur drei Prozent positiv sind.

Doch bevor ich jetzt gleich die ganze Menschheit negativ bewerte, übe ich lieber den Fortschritt im Guten.

Meine Freundin Maria, die alle meine Texte liest, hat mir soeben eine Mail geschrieben: »Ich komme gerade von einem Meeting, wo ich deutlich und klar eine Bewertung zu einer Situation abgeben musste. Bitte schreib unbedingt, dass Dinge zu bewerten auch eine Fähigkeit ist.«

Ja, natürlich, das hätte ich fast vergessen. Ich liebe meine Intuition und meinen geschulten, analytischen Verstand. Sie sind ganz schnell zur Stelle, wenn es wirklich um etwas geht. Und wenn ich nicht gerade einen blinden Fleck habe, dann kann ich mich auf meine Bewertung der Lage gut verlassen. Meine Freunde schätzen meinen weisen Rat, und meine Kundinnen und Kunden verlassen sich darauf, dass ich ihre Situation sinnvoll einschätze und sie bei guten nächsten Schritten unterstütze.

In dem Wort Bewerten steckt »der Wert«. Die Spurensuche nach den vielen Momenten in unserem Leben, die wertvoll sind, lohnt sich.

Empfehlungen

- Beobachten Sie Ihre Gedanken, ohne sie negativ zu bewerten.
- Im nächsten Schritt könnte es hilfreich sein, bewertende Gedanken immer wieder durch wertschätzende zu ersetzen.
- Wenn Sie in einer Beziehung leben, bitten Sie Ihren Partner, Ihre Partnerin, Sie darauf aufmerksam zu machen, wenn Sie eine Bewertung abgeben.
- Verurteilen Sie sich nicht, wenn Sie viele negative Bewertungen aufspüren, und erlauben Sie auch anderen nicht, Sie dafür zu bewerten.
- Freuen Sie sich auch über kleine Erfolge, denn unser Bewertungsdrang stammt noch aus der Steinzeit und ist wirklich stark.
- Genießen Sie die Momente, in denen Sie freundlich zu sich und anderen sind.
- Schicken Sie gute Gedanken in die Welt, Energie wirkt über Zeit und Raum hinweg.

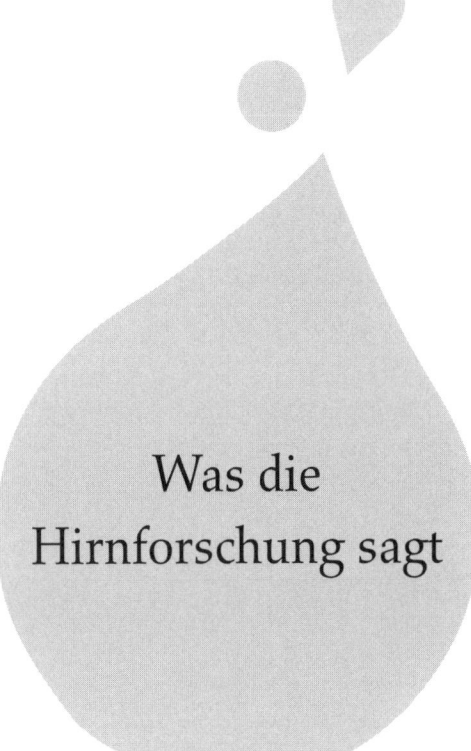

Was die
Hirnforschung sagt

Die Geschichte vom Camper 3

Ich komme mir vor wie jemand, der seine Möbel gut platziert hat, und jedes Mal, wenn ich nach Hause komme, stehen sie wieder woanders. In Wien würde man bei so chaotischen Zuständen sagen: »Nix ist fix.« Und bei meinen Ideen, wie mein Projekt weitergehen soll, geht es mir genauso.

Letzthin hatte meine Nomadin ein starkes Zwischenhoch. Da überlegte Carl laut, dass er sich vielleicht doch einen gemeinsamen Camper vorstellen könnte. Nicht um darin zu schlafen, sondern als bequemes Wohnzimmer auf Reisen, um zwischendurch darin zu rasten.

»Du könntest ja dann auf dem Parkplatz meines Hotels in deinem Camper wohnen.«

Ich fand das einen guten Kompromiss, er meinte es wohl eher als Scherz.

Als junges Mädchen wollte ich unbedingt einen Mini. Er war mein Traumauto, aber ich konnte ihn mir nicht leisten.

Heute beim Frühstück sagte Carl ganz unerwartet: »Warum verkaufen wir nicht unsere großen Autos, die wir beruflich in ein paar Jahren ohnehin nicht mehr brauchen werden, und fahren einfach mit einem Mini vor schönen Hotels vor. Dann könnten wir uns auch im ›Ruhegang‹ viele interessante Urlaube leisten.« Ich mag dieses Wort, das er erfunden hat, denn einen ruhigeren Gang kann »schnelle Welle« gut brauchen.

Meine Nomadin schweigt zu Carls Vorschlag, der vom Camper wegführt, denn immerhin sprach er vom Reisen. Aber wahrscheinlich ist sie auch besänftigt, weil sie nächste Woche nomadisch durch Kreta wandern wird.

Denn eines habe ich inzwischen geschafft: Ich habe meiner Nomadin einen Platz in meinem Berufsleben gegeben. Und wenn ich daran denke, dass ich Persönlichkeitsprozesse und Teamentwicklung in der Natur anleite, dann wird mir ganz warm ums Herz. Für den Moment fühlt es sich so an, als ob mir das vielleicht auch genügen könnte. Ich sage nichts dazu, bis ich weiß, was ich wirklich will. Dennoch bin ich etwas irritiert, wie schnell meine Meinung hin und her hüpft. Wie soll ich so weitreichende Entscheidungen treffen, die meine Ersparnisse auffressen werden, wenn meine Wünsche wie ein Sack Flöhe sind. Vielleicht bringt mir die Camper-Messe mehr Klarheit.

Fortsetzung auf Seite 66

Was die Hirnforschung sagt

Erlaubnis im Kopf

Ich bin die Führungskraft meines Gehirns. Es haut mich immer wieder um, dass ich eine so mächtige Position in meinem Leben habe. Ich erschaffe mit meinen Gedanken und Gefühlen meine Realität, ob ich es will oder nicht. Das ist faszinierend und macht mir täglich klar, dass ich tatsächlich die Schöpferin meiner Wirklichkeit bin.

Ich kann mich also bewusst dafür entscheiden, die beste Version von mir zu entwickeln und meine Gedanken so zu steuern, dass mein Gehirn sie als neue Realität erkennt und speichert. Ich kann mich aber auch entscheiden, das gesamte alte Material aus meiner Vergangenheit weiterzuverwenden, das mich zu der Persönlichkeit gemacht hat, die ich gut kenne und mit der ich in meiner Komfortzone bleiben kann. Denn meine Überzeugungssysteme über mich und die Welt, die ich schon aus meiner Kindheit mitgebracht habe, sind nichts anderes als Gedanken und Gefühle, die ich so oft gedacht und gefühlt habe, dass ich sie unbewusst und ganz automatisch immer wieder abrufe.

Viele dieser Überzeugungen sind kostbare Ressourcen und machen meine einmalige Persönlichkeit aus. Es gibt aber durchaus auch einige automatisierten Handlungen, auf die ich gerne verzichten könnte.

Meine Erkenntnis, dass ich fürsorgepflichtig für mein Gehirn bin, ist erst ein paar Jahre alt. Damals wurde mir auch klar, dass ich ihm mit meinem Desinteresse unrecht getan habe.

In meiner Jugend dachte ich, dass mein Gehirn, das ich ziemlich unappetitlich fand, eine graue, unflexible Masse ist, die immer mehr abbaut, je älter ich werde. Das habe ich in der Schule so gelernt. Meine Biologielehrerin konnte nichts für diese Fehlinformation, das war damals die gängige Meinung der Hirnforschung. Nebenbei entstand auf diese Weise auch die Idee, dass Frauen dümmer sind als Männer, weil sie etwas weniger Hirnmasse haben. Niemand hat in Erwägung gezogen, dass wir einfach begabter sind, auf kleinem Raum mehr unterzubringen. Jedenfalls war es ein guter Vorwand, um uns jahrhundertelang von den Universitäten fernzuhalten.

Später, als ich schon wusste, dass unser Gehirn sich alles merkt, was dem Überleben dient, wurde ich mit der Nachricht konfrontiert, dass meine negativen Glaubenssätze angeblich nicht zu verändern, weil tief verankert sind. Sie wohnen seit meiner Kindheit in mir und die Idee, ich müsste ihnen bis zu meinem Lebensende Quartier geben, war nicht ermutigend. Vor allem die beiden Glaubenssätze: »Ich bin nicht richtig, wie ich bin«, der an meinem Wert nagt, und »Nur wer arbeitet, darf essen«, der mich zu Leistungen bis zur Erschöpfung antreibt, machten mir schwer zu schaffen.

Dann kam endlich der Tag, an dem ich verstand, dass das alles nicht stimmt, dass meine Glaubenssätze kostbare Ressourcen sind, wenn ich sie »zähmen« kann, und dass ich die Führungskraft meines Gehirns bin.

Ich entscheide bewusst oder leider auch immer wieder unbewusst, was mein Gehirn speichert, weil es alles auf seine Festplatte lädt, was sich häufig genug wiederholt und ihm daher wichtig erscheint. Die schwierigen Gedanken und Gefühle bewahrt es noch gründlicher auf, weil es glaubt, dass ich sie zum Überleben brauche.

Das war noch in der Urzeit so, als unser kluges Speicherorgan jedes Rascheln im Gebüsch als lebensbedrohlich interpretierte, weil es ein Säbelzahntiger sein könnte. Das hat unsere Vorfahren vor dem sicheren Tod gerettet, heute brauche ich diese Betonung des Negativen und Angstbesetzten nicht mehr. Es genügt, wenn diese Reflexe rechtzeitig da sind, wenn ich wirklich in Gefahr bin.

Doch es ist gar nicht so einfach, »mich neu zu denken« und meine Komfortzone zu verlassen. Meine vertrauten Gedanken und Gefühle sind wie ein altes, bequemes Sofa, auf dem ich so gemütlich sitze, dass es mir schwerfällt aufzustehen. Es ist viel einfacher, das Vertraute immer wieder zu reproduzieren und mir damit eine Zukunft zu erschaffen, in der ich das Alte wiederhole. Das Neue dagegen ist noch Niemandsland, und die Ungewissheit, mein gewohntes Selbst zu verändern, rüttelt an meiner Identität.

Wenn ich mir zum Beispiel vorstelle, dass ich wirklich reich werden könnte, wenn ich den Glaubenssatz meines Vaters, »reiche Leute sind Angeber«, zurücklassen könnte, wird mir noch immer ganz mulmig im Bauch. Denn zusätzlich muss ich in mir dann auch noch die Geschichte meiner Urgroßmutter klären, die von ihrer Mutter, einer begabten Tänzerin, und ihrem reichen, verheirateten Vater getrennt wurde, weil sie das Produkt eines Fehltritts war. Ein Diener nahm sie in sein Heimatdorf mit, wo sie auf einem einfachen Bauernhof aufwuchs. »Reichtum kostet mich alles, was ich liebe«, muss wohl ihr Satz gewesen sein, den sie mitgenommen hat.

»Doch trotz allen Unbehagens ist dies genau der Moment, in dem wir wissen, dass wir in den Fluss des Wandels gestiegen sind. Wir haben unbekanntes Terrain betreten. Sobald wir nicht mehr unser altes Ich sind, müssen wir die Kluft zwischen dem alten und dem neuen Ich überqueren. Oder anders ausgedrückt: Wir können nicht einfach mal flott im Walzerschritt in eine neue Persönlichkeit hineintanzen. Es braucht seine Zeit«, schreibt Joe Dispenza in seinem Buch *Du bist das Placebo*. Und natürlich fühle ich mich daher manchmal noch immer wie ein Maikäfer auf dem Rücken.

Meine Bewusstseinsrevolution, für die ich mich täglich neu aktiv entscheiden muss, braucht Geduld und Disziplin. Meine Gedanken sind die Sprache des Gehirns, meine Gefühle die Sprache des Körpers. Meine Aufgabe ist es, sie so in Einklang zu bringen, dass mir das große Feld der Möglichkeiten offensteht.

Auf diese Weise habe ich mit viel Engagement schon einige meiner Glaubenssätze in meinem Gehirn umformatiert.

Meistens bin ich inzwischen davon überzeugt, dass ich ein wunderbares Wesen bin. Nur manchmal, wenn ich stark im Stress bin, weil mir jemand einreden will, dass irgendetwas an mir nicht stimmt, falle ich ins alte Muster zurück und glaube kurzfristig, dass ich nicht richtig bin, wie ich bin. Und essen darf ich nicht nur dann, wenn ich arbeite, sondern auch, wenn ich mir erlaube, faul auf dem Sofa herumzuliegen.

Was ich angenehm finde: Meine »Rückfälle« sind mir sympathischer, seit ich sie mit Humor nehme und sie mit etwas Abstand liebevoll wie eine Sitcom meines Leben betrachte. Doch meine Lebensthemen, die ich teilweise schon von meinen Eltern, meinen Großeltern, meinen Urgroßeltern und darüber hinaus mitgebracht habe, brauchen auch meine Geduld.

Wenn meine leistungsorientierte Voranstürmerin ungeduldig wird und sich beschwert, weil ihr alles zu langsam geht, dann gehe ich mit ihr in unseren Garten und jäte eine Stunde lang Unkraut. Für sie ist das eine Form von Leistung, die sie zufriedenstellt, auch wenn meine naturverbundene Nomadin das ganz anders sieht und währenddessen mit den Elfen spricht. Auf diese Weise kommen meine sehr unterschiedlichen Teile gut miteinander aus.

Mein alter Führungsstil, bei dem ich mir erlaubt habe, jeden Müll zu denken, der vorbeikam, um mich dann dafür zu verurteilen, kommt immer seltener zu Besuch, obwohl er lange ein Dauermieter bei mir war.

Der wissenschaftliche Ausdruck dafür, dass mein Gehirn von mir Aufträge in Form meiner Gedanken und Gefühle annimmt, nennen die Hirnforscher »erfahrungsabhängige Neuroplastizität«. Es bedeutet, dass meine neuronalen Netzwerke auf mich reagieren und dort neue Verbindungen eingehen, wo ich »hindenke«. Das Prinzip ist ganz einfach, auch wenn die Vorgänge hochkomplex sind. Nach dem Motto »what wires together, fires together«, was sich verbindet, feuert gemeinsam, bilden sich Areale im Gehirn deutlich stärker aus, wenn ich meine Aufmerksamkeit häufig dorthin lenke.

Diese Elastizität und Formbarkeit ist fantastisch, denn sie bedeutet, dass ich mein Gehirn wie einen Muskel trainieren und als Schöpferin meiner Realität gezielt neue Informationen abspeichern kann.

Nach der Arbeit an diesem Text, noch ganz erfüllt von den Gedanken, dass ich die Führungskraft meines klugen Gehirns bin, klappte ich meinen Computer zu und fuhr am Nachmittag mit der S-Bahn nach Wien.

Unser kleines Dorf, in dem wir am Abend die Sterne noch sehen können, weil es nicht einmal eine Straßenbeleuchtung gibt, hat einen Bahnhof, an dem alle modernen Errungenschaften vorübergezogen sind. Das macht die Bahnstation mit dem wunderbaren Blick über den See zwar sehr sympathisch, ist aber auch unpraktisch, weil es keinen Lift gibt und der Bahnsteig nur über eine Treppe zu erreichen ist.

Vor diesem Hindernis für Menschen mit Handicap oder schwerem Gepäck stand eine Frau in meinem Alter mit verzagtem Gesicht neben einem großen Koffer und einer Reisetasche.

In der Hand trug sie noch einen offensichtlich schweren Seesack. »Darf ich Ihnen helfen?«, fragte ich sie. »Nein danke, es ist zu schwer, ich muss es allein schaffen.« Als auch mein Zureden nichts half, ging ich unverrichteter Dinge zum Bahnsteig, wo eine junge Frau mit finsterer Miene stand: »Der ist nicht zu helfen, ich habe es auch schon versucht«, sagte sie im ärgerlichen Ton, weil ihre Hilfe zurückgewiesen wurde.

Und plötzlich wurde mir klar, dass unsere inneren Überzeugungen und Glaubenssätze sich in jedem kleinen Detail in unserem Leben auswirken, bis hin zur Frage, ob wir uns erlauben können, uns beim Kofferschleppen helfen zu lassen.

Und in der Wechselwirkung macht uns dort, wo unsere Hilfe aus einer inneren Beschränkung heraus nicht angenommen werden kann, der Glaubenssatz zu schaffen: »Ich strenge mich an und werde dafür nicht geschätzt.« Jedenfalls vermute ich, dass die Reaktion der jungen Frau, deren Hilfe abgelehnt wurde, in diesem Gefühl ihren Ursprung haben könnte.

Zwei Stunden später in Wien warte ich in meinem Lieblings-take-away-Restaurant, dass ich mein Curry bezahlen kann. Es ist gerade Dienstübergabe, und der Dialog der beiden jungen Frauen ist nicht zu überhören. »Wo ist das schöne Samtband, das ich in dieser Schublade aufgehoben habe, ich möchte damit einen Strauß binden«, sagt die schmale, blonde Frau, die kurz vorher mit einem Arm voller Frühlingsblumen zur Tür hereinkam. »Das habe ich in den Müll geworfen. Es war feucht und nicht mehr schön«, antwortet ihre Kollegin ohne besondere Reue. »Aber genau dieses Samtband brauche ich! Ich habe es extra aufgehoben und die Farben der Blumen darauf abgestimmt«, erregt sich die junge Frau und schickt dem noch ein paar Unmutsäußerungen nach. Als sie bemerkt, dass ich ihrem Schlagabtausch interessiert folge, sagt sie entschuldigend: »Ich bin halt so pingelig, bei mir muss alles genau stimmen.«

Was die Hirnforschung sagt

Diese beiden Erlebnisse haben mir noch klarer gemacht, wie stark Erlaubnis mit den Ressourcen und Hindernissen unserer Überzeugungsmuster zusammenhängt.

Und: Wenn Sie sich als Führungskraft ihres Gehirns nachhaltige Entwicklungen wünschen, dann heißt es, die Ärmel aufkrempeln. Veränderung findet nicht auf dem Sofa vor dem Fernseher mit einer Tüte Chips in der Hand statt. Sie braucht Mut, Durchhaltevermögen und eine Portion Frechheit, damit Sie sich erlauben können, im besten Sinn des Wortes »verrückt« zu sein.

Vielleicht kann das Kapitel »Muster im Kopf« Sie dabei unterstützen.

Empfehlungen

- Wenn Sie nicht ohnehin schon Experte oder Expertin für die modernen Erkenntnisse der Hirnforschung und der angrenzenden Gebiete sind, gehen Sie in einen Buchladen oder ins Internet und schmökern Sie. Es gibt so viele gute Bücher und Videos über Hirnforschung und Bewusstseinsveränderung, dass es besser ist, Sie wählen einen Autor oder eine Autorin, die für Sie persönlich leicht verdaubar ist. Ich nenne gern ein paar Namen: Gerald Hüther, Louann Brizendine, Joachim Bauer, Maja Storch, Manfred Spitzer, Joe Dispenza.
- Bücher, die ich empfehle:
  - Joe Dispenza: Du bist das Placebo. Bewusstsein wird Materie, Burgrain 2014
  - Rick Hanson: Das Gehirn eines Buddha. Die angewandte Neurowissenschaft von Glück, Liebe und Weisheit, Freiburg 2010

Die Geschichte vom Camper 4

»Die Frage ist, ob ich mir diesen Camper auch kaufen würde, wenn ich wüsste, dass ich in einem Jahr sterben muss«, philosophiere ich mit meiner Freundin Gerlinda, während wir in meinem weißen Cabrio mit dem roten Dach und den roten Ledersitzen zu einer Camper-Messe fahren. Das Cabrio ist ein politisches Statement, es kam in mein Leben, als ich mein Buch »Wir wilden weisen Frauen. Von der Kunst des Älterwerdens« veröffentlicht habe. Ich wollte zeigen, dass ältere Frauen sich weder dezent anziehen noch unauffällige, »brave« Autos fahren müssen. Mein Wunschkennzeichen, BOW 17, hat ganz schön Wellen geschlagen. Beautiful Old Woman, ja das bin ich, mit allen meinen wunderbaren Falten, und siebzehn ist meine Glückszahl.

Gerlinda sieht mich fragend an: »Und würdest du dir, wenn du bald sterben müsstest, denn einen Camper kaufen?«

Sie wundert sich nicht, dass ich den Tod als Ratgeber für ein gutes Leben einbeziehe. Wir kennen einander schon seit mehr als dreißig Jahren und brauchen keine großen Erklärungen mehr, um zu wissen, was die andere meint.

»Wenn ich nur noch ein Jahr zu leben hätte«, philosophiere ich weiter, »dann möchte ich meine Zeit hauptsächlich mit meiner Familie und meinen Freunden verbringen – und natürlich in der Natur.«

»Und wie wirst du Carl dazu bewegen, in deinen Camper einzusteigen?«, fragt Gerlinda pragmatisch, die unsere Unterschiedlichkeit als Paar immer wieder amüsiert.

Ja, das ist eine Frage, auf die ich noch immer keine Antwort habe, als wir auf dem total überfüllten Messeparkplatz sofort eine Parklücke finden. Ich nehme es als gutes Zeichen ... Gerlinda, die sich überhaupt nicht für fahrende Wohnzimmer interessiert, kündigt an, dass ihr Liebesdienst auch Grenzen haben könnte: »Wenn's mir reicht, fahre ich in die Stadt in ein Kaffeehaus, und du kannst mich später dort abholen.«

Ich hoffe dennoch, dass sie bleibt, ich brauche jemanden, der auf mich aufpasst, damit ich keine spontanen Entscheidungen treffe.

Wenn man genau weiß, was man will, ist so eine Messe eine Zeit lang ganz interessant. Wir schieben uns mit anderen Schaulustigen gezielt auf die Halle zu, in der »meine Camper« ausgestellt sind. Praktische Fahrzeuge, nicht größer als ein Kleinbus, die sich auch für den ganz normalen Alltag eignen. Ich kenne auch schon meine Favoriten. Entweder einer, der unten rot und oben weiß lackiert ist, das habe ich im Internet gesehen, oder ein eleganter, mit cremefarbenen Sitzen und einem edlen Cockpit. Was alle eint: Frau kann die Sitze zu einem bequemen Schlafzimmer umbauen, und es gibt eine kleine Küchenzeile.

Nun stehen wir endlich vor meinem Traum! Und Gerlinda bringt ihn in weniger als fünf Minuten wie eine Seifenblase zum Platzen: »Und wo ist hier das Klo, und wo wirst du dich waschen?«, fragt Gerlinda in diesem aufgebrachten Ton, den ich von ihr kenne, wenn sie sich stark engagiert. »Du willst doch sicher nicht ständig auf Campingplätzen übernachten wollen, sondern in der freien Natur?«

»Der Wald freut sich über den Humus und ist das schönste Klo der Welt, das habe ich bei meinem Outdoortraining erfahren. Duschen kann ich mit einem Wassersack, den ich außen ans Auto hänge, das gibt es alles als Zubehör.«

Meine Antwort bringt sie noch mehr in Fahrt: »Lady Daimler«, schnaubt meine Freundin. Sie war Englischprofessorin, und wenn sie mich so nennt, weiß ich, dass sie sich gleich wirklich aufregen wird. »The Lady is a tramp, mit der Betonung auf Lady. Und wenn du glaubst, du musst unbedingt mit siebenundsechzig Jahren deine Geschäfte im Wald verrichten und dann mit einem Schäufelchen vergraben, kannst du das gerne machen. Aber glaub bloß nicht, dass du Carl oder jemand aus deinem Freundeskreis dazu überreden kannst.«

Zwei Frauen haben unseren Dialog mit Interesse verfolgt, was gar nicht anders geht, weil hier das Leben auf Tuchfühlung stattfindet. »Und was sagen Sie dazu?«, frage ich, weil ich auf Schützenhilfe hoffe.

»Wir wollen auf jeden Fall eine Toilette und eine Dusche«, sagt eine der beiden Frauen, die um die fünfzig sein dürften. »Ein bisschen Bequemlichkeit ist für uns vor allem bei schlechtem Wetter wichtig. In der nächsten Halle sind einige größere Camper ausgestellt, da ist alles drin, was man braucht.«

Ich muss an den Wald in der Schweiz denken, in dem ich mitten in der Nacht während meiner Ausbildung zum Outdoor-Guide im strömenden Regen aufs Klo musste, und sehe plötzlich dieses Bild vor mir: Ich schäle mich aus meinem Schlafsack unter meiner Regenplane und bin plötzlich Auge in Auge mit einer Nacktschnecke, die begeistert über meinen Biwaksack auf mein Gesicht zukriecht. Fünf Tage lang war das ein richtig gutes Abenteuer, aber vierzehn Tage im Regen?

»Ich brauche jetzt einen Kaffee«, sage ich zu meiner Freundin, die froh ist über eine Pause vom Camperwahn. »Mein ganzes Konzept geht gerade den Bach runter, ich muss mich neu orientieren.«

Auf dem Weg zum überfüllten Restaurant kommen wir an einem kastenartigen Camper vorbei, und meine Stimmung hellt sich etwas auf. Cremefarbene bequeme Sessel, eine Küchenzeile in mattem weißem Lack, ein Tisch in Hellgrau, eine großzügige Liegewiese, die sich zur hinteren breiten Tür öffnet. Dazwischen ein kleines Bad mit integrierter Toilette.

Eine Stunde später und nach einem Sondierungsgespräch mit Gerlinda, die mir verspricht, mich nicht allein zu lassen, führe ich bereits Kaufverhandlungen. Das kann ich gut! Meine geduldige Freundin sitzt auf der Stufe des Campingautos, das dem neuen Objekt meiner Begierde gegenübersteht, und ich spüre, dass sie ganz intensiv für mich da ist und die Energie hält. Ja, ich kann das Messeauto haben, genauso wie es hier steht, und einen guten Preis wird der Chef der Firma mir auch machen.

»Es wäre besser, wenn Sie sich rasch entscheiden«, sagt der Verkäufer, »morgen ist auch noch ein Messetag, am nächsten Wochenende findet unsere Hausmesse statt, und dieses Auto ist sehr begehrt.«

Kurzfristig galoppiert meine spontane Entscheiderin davon und will sofort kaufen. Ich schaue zu Gerlinda hinüber. Sie sitzt wie eine weibliche Buddha-Statue einfach nur da und sieht mich an. Sie nickt nicht und sie schüttelt auch nicht den Kopf. Und das schätze ich an ihr besonders. Sie weiß, dass ich das selbst entscheiden muss, und will mich nicht beeinflussen.

Dann denke ich an Carl und wie es wäre, wenn ich heute Abend mit einem sechs Meter langen Camper nach Hause komme, den ich gerade mal im Vorübergehen auf einer Messe gekauft habe, und weiß, dass das nicht das richtige Szenario ist.

»Machen Sie mir bitte ein schriftliches Angebot«, sage ich zu dem Verkäufer, »und wenn der Camper nach dem nächsten Wochenende nicht mehr zur Verfügung steht, dann war er einfach nicht meiner.«

Als wir am späteren Nachmittag bei einem Heurigen auf sanfte Hügel und Wälder schauen, Most trinken und »Kartoffelkas« essen, bin ich müde und glücklich und weiß ganz sicher: Das Leben in der Natur ist mir so wichtig, dass ich mir einen Camper kaufen werde.

Fortsetzung auf Seite 117

Muster im Kopf

Es war einmal ein kleiner Embryo. Er wohnte im Bauch seiner Mutter und wusste intuitiv, dass er durch die Nabelschnur mit ihr verbunden bleiben und wachsen musste. Und weil unser Gehirn auf Überleben programmiert ist, tat es alles, um seine Existenz zu sichern, und speicherte jede einzelne Information, die dazu notwendig war, sicher ab.

Auf diese Weise entstand eine breite Spur in seinem Gehirn, denn das Bedürfnis nach Verbundenheit und Wachstum wird unseren Embryo auch später, als fertiger Mensch, nie mehr verlassen.

Daher wusste unser wunderbares Baby, als es zur Welt kam, auch sofort, was zu tun war: Es wollte diese Verbundenheit, die ihm schon bisher das Überleben gesichert hatte und die sein Gehirn als neuronale Verschaltung gut gespeichert hatte, erhalten.

Das Baby könnte Max oder Caroline heißen, und wir alle sind ihm ähnlich in unseren Grundbedürfnissen und haben uns auf diese Weise viele fantastische Fähigkeiten erworben.

Wenn wir heranwachsen, finden wir unsere ureigensten kreativen Wege, um das zu bekommen, was wir brauchen. Und falls wir es nicht bekommen, weil unsere Eltern es uns nicht geben können, erschaffen wir uns Möglichkeiten, um damit gut zurechtzukommen: Wir sind leise und unauffällig, wenn das gefragt ist, oder laut und fordernd, wenn uns das die Aufmerksamkeit unserer Eltern oder der Menschen, die uns großziehen, sichert. Wir sind selbstgenügsam, wenn es wenig gibt, oder zeigen unsere Bedürftigkeit in der Hoffnung, dass es jemand bemerkt. Wir bemühen uns um Anerkennung durch Leistung oder wir passen uns an. Wir unterdrücken unsere Impulse und leisten nur heimlich Widerstand, wenn wir auf diese Weise Liebe bekommen.

In den ersten Lebensjahren entstehen so in uns grundlegende Überzeugungen, wie unser Leben am besten funktioniert. Wir bilden uns eine Meinung über die Welt und wer wir sind und wie wir uns verhalten sollen. Wir wissen als Kinder natürlich noch nicht, dass es sehr unterschiedliche Welten gibt, und glauben, dass unsere eigene Konstruktion der Welt eine objektive Tatsache sei.

Unser Gehirn erfüllt in dieser Zeit der »Prägung« treu seinen Auftrag, nämlich alles, was unserem Überleben dient, sorgfältig abzuspeichern. Und so werden unsere hilfreichen, genialen Überlebensmuster mit der Zeit Teil unserer Persönlichkeit.

Gerald Hüther schreibt dazu in seinem Buch *Bedienungsanleitung für ein menschliches Gehirn*: »Die Erfahrungen, die ein Mensch im Lauf seines Lebens gemacht hat, sind fest in seinem Gehirn verankert, sie bestimmen seine Erwartungen, sie lenken seine Aufmerksamkeit in eine ganz bestimmte Richtung, sie legen fest, wie er das, was er erlebt, bewertet und wie er auf das reagiert, was ihn umgibt und auf ihn einstürmt. In gewisser Weise sind diese individuell gemachten Erfahrungen also der wichtigste und wertvollste Schatz, den ein Mensch besitzt.«

Jede einzelne der Fähigkeiten, die wir in unserer Kindheit erwerben, um möglichst gut durchs Leben zu kommen, ist auf der einen Seite ein großes Potenzial, und auf der anderen Seite bietet sie uns auch den größten Erlaubnisspielraum für Entwicklung.

Was uns als Kind gut geschützt hat und für immer eine Ressource bleiben wird, kann in manchen Situationen auch zur Beschränkung werden. Vor allem dann, wenn wir nicht wählen können, ob unser vertrautes Kindheitsmuster in diesem Moment sinnvoll ist. Dann ziehen wir uns zum Beispiel zurück, obwohl es sich lohnen würde zu kämpfen, dann flüchten wir, wo emotionales Einlassen gefragt wäre, dann sind wir leistungsorientiert, obwohl Loslassen günstiger wäre. Dann behindern wir uns mit engen Grenzen, wo es um Weite und Innovation gehen sollte. Dann sind wir freundlich, obwohl wir zubeißen sollten, dann leisten wir Widerstand, obwohl Kooperation in dieser Situation besser wäre.

Das Kunststück, den Erlaubnisspielraum zwischen Ressource und Limitation gut zu nützen und immer mehr zu erweitern, glückt uns am besten, wenn wir unsere meist unbewussten Überzeugungssysteme, aus denen wir sogenannte »Glaubenssätze« ableiten, gut kennen.

Die beste Möglichkeit, die strahlendste und gelungenste Version unserer Selbst zu werden, ist ein uneingeschränktes »Ja« zu uns selbst, mit allen Ecken und Kanten. Ein Forschungsprojekt, bei dem wir das Gute an unseren Überlebensmustern noch mehr schätzen und fördern. Gleichzeitig wäre es sinnvoll, die Beschränkungen nicht nur zu erkennen, sondern sie immer wieder durch neue, der Situation besser angepasste Reaktionen zu ersetzen. Das klingt wie ein einfaches Rezept, ist es aber leider nicht. Denn wie schon im vorigen Kapitel beschrieben, sind unsere breiten Autobahnen im Gehirn hartnäckig, und es braucht Geduld und Zeit, damit erwünschte Veränderungen durch häufiges Wiederholen so »verdrahtet« werden, dass sie stabil sind und von kleinen Feldwegen zu breiten Straßen werden.

Das Wichtigste an diesem Forschungsprojekt ist unser Mitgefühl für uns selbst, aber auch für andere Menschen, deren Überzeugungssysteme wir kennenlernen. Denn hinter jedem unserer Glaubenssätze und Muster finden wir eine jüngere Version unserer Selbst, ein tapferes Kind, das es mit viel Einsatz und Kreativität geschafft hat, wunderbar zu werden.

Unsere Eltern haben uns so gut durch unsere Kindheit begleitet, wie es ihnen möglich war. Sie sind, wenn wir erwachsen sind, nicht mehr für unsere »jüngeren Versionen« zuständig. Das sind wir selbst.

Ob das Hauptthema unserer Kindheit der Wunsch nach Versorgung, Freiheit, Wertschätzung, Sicherheit oder Authentizität war, wir werden vermutlich unser ganzes Leben lang damit beschäftigt sein. Denn manchmal werden die Schmerzen, aus denen unsere stärksten Fähigkeiten entstanden sind, wieder auftauchen. Doch wie wir darauf reagieren, wenn jemand unsere »Knöpfe« drückt, haben wir als Erwachsene selbst in der Hand.

Für solche Fälle empfiehlt es sich, die Situation wie einen Kinofilm des eigenen Lebens mit liebevollem Blick noch einmal zu betrachten. Als nächsten Schritt können wir uns selber trösten und dann unsere Muster analysieren, damit wir daraus lernen können.

Vor allem vergessen Sie auch in schwierigen Situationen nicht: Jedes Überzeugungssystem und alle daraus entstandenen »Glaubenssätze« haben einen kostbaren Kern, ein »Goldnugget«, das es aufzuspüren gilt.

Die folgenden Beschreibungen von Lebensgeschichten sind als Anregungen für Ihr eigenes Forschungsprojekt gedacht. Sie haben keinen Anspruch auf Vollständigkeit und sind auch nicht dazu gedacht, dass Sie sich und andere bewerten und in Kategorien einteilen. Tatsächlich haben wir von jedem Überzeugungssystem etwas in uns. Am besten können wir unsere automatischen Reaktionen beobachten, wenn wir in Stress geraten. Dann rufen wir üblicherweise ein für uns charakteristisches Verhalten auf.

Die Beispiele aus meiner Praxis und die Ausschnitte aus den Lebensgeschichten habe ich bewusst so plakativ gewählt, dass typische Muster besonders deutlich sichtbar werden. Falls Sie zu einer der Geschichten überhaupt keinen Zugang finden, dann könnte es sein, dass sie ein besonders gut gehütetes Geheimnis in Ihrem Inneren anrührt. Ich habe zum Beispiel erst kürzlich an mir entdeckt, dass ich auch einen genialen Widerstandsteil besitze, der mir bisher noch gar nicht aufgefallen war.

Ich brauche niemanden, ich komme allein zurecht«
Lebensthema: Versorgung

Marga ist sehr freiheitsliebend und selbstbestimmt. Als ich ihr zum ersten Mal begegnete, sagte sie ganz überzeugt: »Ich bin ein Arbeitstier. Ich brauche niemanden, ich mache alles allein.« Sie sagte das über ihren Einsatz in ihrem kleinen Unternehmen, das sehr erfolgreich eine Marktnische im sozialen Bereich bedient. Alle Versuche, in dem stark wachsenden Betrieb auf der Führungsebene Unterstützung zu holen, scheiterten daran, dass Marga es nicht schaffte, Teile ihrer Tätigkeit zu delegieren. Sie pfuschte ihrer jeweils neu eingestellten Geschäftsführung so lange ins Handwerk, bis er oder sie entnervt kündigte.

Meinem Vorschlag, sich ihre Grundmuster anzuschauen, konnte sie nichts abgewinnen. »Ich bin ein ›lonely Cowgirl‹, unabhängig und selbstgenügsam, was soll daran falsch sein?«, lachte sie und biss noch in der offenen Aufzugstür in ihr Sandwich, das sie zwischen zwei Terminen verzehrte.

Ein Jahr später kam Marga wieder zu mir, weil ihr aufgefallen war, dass auch ihre Beziehungen nie lange hielten: Sie verliebte sich, es war alles wunderbar und sehr intensiv. Gleichzeitig achtete sie unbewusst darauf, dass sie langfristig emotional nicht zu abhängig wurde und immer autonom blieb. Nun hatte sie sich nach einer gescheiterten Ehe und mehreren »abwechslungsreichen« Beziehungen wieder neu verliebt und wollte nicht, dass ihre – wie immer sehr intensive – Liebe so endete wie alle anderen vorher.

Wir sahen uns in ihrer Kindheit um, um das Muster zu verstehen. Niemand hatte auf sie gewartet. Ihre Eltern waren einfache Leute mit bescheidenem Einkommen und hatten nach einem Sohn und einer Tochter kein drittes Kind geplant. Marga fühlte sich wie »das fünfte Rad am Wagen« und lief nebenbei mit. Als sie zwei Jahre alt war, wurde bei ihrem Bruder eine seltene Krankheit diagnostiziert, die eine aufwendige Therapie erforderte. Für Marga blieb nun noch weniger Zeit.

Weil es schmerzhaft war, dass ihre Eltern sie nicht so versorgten, wie sie es gebraucht hätte, wurde sie sehr genügsam und kam mit ihrer Vernachlässigung zurecht. »Wenn ich mich selbst versorge, kann mich auch niemand mehr enttäuschen«, entschied das Kind unbewusst und baute einen guten Schutzwall um sein Herz: »Ich brauche niemanden, ich komme allein zurecht«, war Margas Glaubenssatz. Sich einzulassen, hätte bedeutet, dass die Gefahr bestand, wieder verlassen und im Stich gelassen zu werden.

Die kleine Marga, die in unseren Coachingstunden symbolisch auftauchte, wusste nicht so recht, ob sie darauf vertrauen konnte, dass es nicht gefährlich war, etwas von anderen anzunehmen. Die Gefahr, wieder im Stich gelassen zu werden, war zu groß. Erst als die starke, unabhängige, erwachsene Marga ihr versicherte, dass sie von nun an immer für sie da sein würde, war sie beruhigt.

»Und vielleicht«, ergänzte Marga im Nachgespräch, »kann ich jetzt auch zulassen, dass ein zweiter Geschäftsführer mich unterstützt.«

Was wir uns mit diesem Überzeugungssystem leicht erlauben können:
Wir sind aktiv, unabhängig, eigenständig, engagiert, hilfsbereit und können allein viel schaffen.

Womit wir uns schwertun:
Wir können nicht leicht um Hilfe bitten, wir haben Mühe, uns tief einzulassen, und sind meistens keine guten Teamplayer.

Ähnliche Glaubenssätze zum Lebensthema *Versorgung*:
»Ich kann mich nur auf mich verlassen.« – »Ich muss alles allein schaffen.« – »Niemand ist für mich da.«

> *»Ich muss ganz viel tun, damit ich gesehen werde«*
> *Lebensthema: Wert und Beziehung*

Bernd ist in jeder Gesellschaft ein beliebter Mittelpunkt. Die Feste bei ihm sind legendär. Er hat immer gute Ideen und schart seine Freunde durch ständig neue Aktivitäten um sich. Sein Markenzeichen sind farbige Socken und Westen mit originellen Mustern, das weist ihn als »besonders« aus.

Er kann eine Szene in der Straßenbahn so schildern, dass alle Tränen lachen, und fünf Minuten später ist er zutiefst getroffen, weil einer seiner Gäste ihm nicht aufmerksam zugehört hat.

Wenn der charismatische Flugbegleiter auf die Tube drückt und seine Charmeoffensiven startet, bekommt er häufig, was er will. Vom Sonderurlaub bis zum attraktiven Fluggast in seinem Bett: Ihm stehen alle Türen offen.

Bernd hat die Begabung, aus allem eine dramatische Inszenierung zu machen, was sich aber nicht immer als glückhaft erweist. Bei der Beförderung auf eine höhere Position wurde er zu seiner

Überraschung übergangen. Der Personalchef teilte ihm mit, dass er zu emotional sei und dass seine Art, Aufmerksamkeit zu erregen, Unruhe ins Team brächte: »Sie sind mir als Führungskraft zu wenig sachlich und machen zu viel Lärm um nichts.«

Das war nun schon das dritte Mal, dass er mit viel Elan in einen Job hineinging, zunächst als »High-Potential« gehandelt wurde, letztendlich jedoch nicht befördert wurde. Aber das war noch nicht alles. Gestern hatte ihm eine gute Freundin nach vielen Gläsern Wein gesagt, dass sie seine ständig nach Aufmerksamkeit heischende Art nicht mehr ertragen kann. »Mach endlich was für dich, damit du dein ›Hallo-ich-bin-wichtig‹-Transparent einrollen kannst.«

Als Bernd in einem meiner Seminare seinen Hilferuf als Kind aufspürte: »Ich muss ganz viel tun, damit ich gesehen werde«, wurde ihm zum ersten Mal klar, dass der kleine Bernd bei der Trennung seiner Eltern mehr gelitten hatte, als der Erwachsene sich eingestehen wollte.

Bernd war erst fünf, als es geschah. Seine Eltern, die ständig gestritten hatten und schon vor der Scheidung hauptsächlich mit ihren Paarproblemen beschäftigt waren, trennten sich endlich. Es war ein Rosenkrieg. Das Kind, für das im Kampfgetümmel niemand Zeit hatte, wurde zur Großmutter nach Frankreich geschickt. Den Vater sah es nur zu Weihnachten und am Geburtstag.

Seine Mutter kam zwar in die Normandie nach, war aber sehr mit dem Aufbau ihrer neuen Karriere beschäftigt. Sie nahm einen Job in Paris an, kam nur am Wochenende nach Hause und schenkte dem Kind wenig Aufmerksamkeit.

Nach zwei Jahren zogen die beiden wieder nach Österreich, weil seine Mutter und seine Großmutter sich nicht verstanden. Auf den kleinen Bernd, der in Frankreich inzwischen Freunde gewonnen hatte, nahm niemand Rücksicht.

Der erwachsene Bernd, der im Außen die in seiner Kindheit vermisste Zuwendung gesucht hatte, fand langsam den Weg in sein eigenes Inneres. Er schloss Freundschaft mit seiner jüngeren, tapferen Version und sagte ein paar Monate später: »Die Begegnung mit mir selbst ist besser als jede Party. Seit ich verstehe, dass ich als Kind nicht genug Aufmerksamkeit bekommen habe und dass mein Überlebensmuster für die anderen manchmal zu viel wird, wenn ich zu dick auftrage, kann ich mich besser regulieren.«

Was wir uns mit diesem Überzeugungssystem leicht erlauben können:
Wir sind schillernd, ausdrucksstark und unterhaltsam.
Wir sind begabte Schauspieler und Vortragende und können uns gut in Szene setzen.

Womit wir uns schwertun:
Wir haben Probleme, Beziehungs- von Sachaspekten zu trennen, reagieren stark emotional, unser Selbstwert ist wackelig.

Ähnliche Glaubenssätze zum Lebensthema *Wert und Beziehung*:
»Ich bin nicht wichtig.« – »Ich bin nicht interessant.« – »Niemand nimmt mich ernst.« – »Niemand sieht mich und wie es mir wirklich geht.«

»So wie ich bin, bin ich falsch«
Lebensthema: Freiheit

Wenn ich mit meiner Freundin Carla essen gehen möchte oder ins Kino, schlage ich nichts mehr vor, weil sie grundsätzlich »Nein« dazu sagt. Ich habe eine Weile gebraucht, um zu verstehen, dass ihre Weigerung, meinen Vorschlägen etwas abzugewinnen, System hat. Mein Lösungssatz heißt seither: »Dann lass uns einfach abwarten, wo es uns hinzieht.« Und sobald wieder mehrere Optionen offen sind, entspannt sich Carla.

Wir kennen einander nun schon seit dreißig Jahren, und daher kenne ich natürlich auch ihre Ehe ziemlich gut – wie das so ist bei wirklich guten Freundinnen. Wenn sie ein Problem mit ihrem Mann hat, sitzt sie es aus. Sie spricht nicht darüber, sondern macht ihr spezielles Nussknackergesicht und rollt sich dabei eine Zigarette. Ihr Mann, mit dem ich ebenfalls befreundet bin, ist auch ein Aussitzer. Das bedeutet, dass ich sie lieber nicht besuche, wenn sie gerade etwas aussitzen.

Meine Arbeitskollegin Viola tickt ähnlich, und als sie mir nun gegenüber sitzt, bin ich froh, dass ich durch Carla schon Übung im Umgang mit ihrem Überzeugungssystem habe.

»Ich bin erst vor drei Jahren draufgekommen, wie groß mein Widerstandspotenzial ist und in welchem Umfang es mein Leben beeinflusst. Wenn ich auch nur die geringste Unfreiheit in einem Vorschlag vermute, dann ist sofort mein ›Nein‹ da.«

Viola verschränkt die Arme vor der Brust, während sie erzählt, und schaut mich sehr bestimmt an.

Wir sind am Vorabend unseres ersten gemeinsamen Seminars dabei, die Bedingungen für eine gute Zusammenarbeit zu klären. Und in weiser Voraussicht erzählen wir uns auch unsere Potenziale und Empfindlichkeiten.

Mein Spitzname ist »schnelle Welle«, und mir wird klar, dass ich mit meiner aktiven, leistungsorientierten Art achtsam sein muss, wenn ich Viola Vorschläge mache. Wir beraten gemeinsam ein Unternehmen und brauchen dringend Einigkeit.

Viola trägt meistens Schwarz mit ausgefallenen, bunten Akzenten, um ihr starkes Gewicht »gut zu verpacken«, wie sie es nennt. Als ich sie später nach der Schutzfunktion frage, sagt sie: »Mein Mann wollte immer, dass ich die Figur, die ich als junges Mädchen hatte, beibehalte. Da hatte ich siebenundfünfzig Kilo, und als es nach zehn Jahren siebenundsechzig waren, war ich ihm viel zu schwer, und das bei meiner Größe von über ein Meter siebzig! Dann habe ich noch ein paar Kilo draufgelegt. Ich weiß, dass ich mir selber damit schade, aber es hat sich so verselbstständigt, dass ich mich jetzt schwertue abzunehmen. Wenn mir zum Beispiel jemand wohlmeinend empfiehlt, zum Dessert kein Schokoladenmousse zu essen, dann fühle ich mich so in meiner Freiheit beschränkt, dass ich sie erst recht bestelle.«

Viola weiß von sich, dass sie total allergisch gegen Formen von Zusammenarbeit ist, wo sie sich »als verlängerter Arm, als ausführendes Organ« fühlt und beschränkt wird.

»Mein Chef an der Uni hat absolut das Sagen, aber er lässt mir immer den Raum, auch selber Dinge zu entwickeln. Ein Geschäftspartner, der mir genug Freiraum lässt, kann von mir alles haben. Dann erlebe ich Veränderungswünsche nicht als Bevormundung, sondern als konstruktive Ergänzung.«

Viola ist durch ihre vielen Ausbildungen und ihre Lebenserfahrung – wir sind beide gleich alt – sehr reflektiert und kennt natürlich auch die guten Seiten ihres Widerstandspotenzials: »Ich bin sehr ausdauernd und stark, und ich habe mit den Jahren gelernt, über mich selbst zu schmunzeln. Ich habe einen langen Atem bei Projekten, selbst wenn sie schwierig sind. Wenn man mich lässt, wie ich will, dann bleibe ich dran, bis das Ergebnis gut ist. Und mein Humor, mit dem ich mich selbst und andere sehen kann, kommt auch bei den Teilnehmern meiner Seminare gut an.«

Am nächsten Abend – der Tag mit dem Team ist sehr gut verlaufen – erzählen wir einander, wie wir in unserer Kindheit geprägt wurden.

Viola war die ersten zehn Jahre ein Einzelkind: »Meine Mutter hat sehr stark über mich bestimmt. Und weil Wut zu den unerwünschten Gefühlen gehörte, habe ich sie unterdrückt. Wenn ich sie dann nicht mehr kontrollieren konnte, habe ich mir meistens selbst dabei geschadet. Als ich bei einer dieser Gelegenheiten meine Lieblingspuppe an die Wand geknallt habe, waren ihre Augen kaputt.

Meine Eltern wussten immer, was gut für mich ist. Zuerst hieß es, iss mehr, sonst wirst du krank, dann hieß es, iss nicht zu viel, sonst wirst du zu dick… Meine ganze Kindheit und meine Jugend waren von dem Gedanken geprägt: So wie ich bin, bin ich falsch.«

Als Viola zehn war, wurde ihre Schwester geboren. Sie war schwerstbehindert, kam sofort in ein Heim und wurde von ihren Eltern totgeschwiegen: »Damals hat sich der Gedanke, wer nicht richtig ist, hat in dieser Familie keinen Platz, in mir verstärkt. Meine Mutter litt sehr unter der Situation und hat das auch mir gegenüber benutzt: ›Du bist alles, was mir geblieben ist‹, hat sie immer wieder gesagt, und ich habe meine Impulse unterdrückt und mir, um mich selbst zu bewahren, einen guten Panzer zugelegt. An den kann ich heute noch jeden anrennen lassen, wenn ich will.«

Viola war vierzehn, als sie bei einem Preisausschreiben einen Rundflug über Wien gewann. Das war damals etwas ganz Besonderes. Ihre Mutter sagte: »Du kannst schon fliegen, aber du weißt, was du mir damit antust.« Zähneknirschend blieb Viola zu Hause und ließ den Gutschein verfallen.

»Es ging so weit, dass sogar meine Berufswahl von meinen Eltern beeinflusst wurde. Mir war mit sechs Jahren schon klar, dass ich Ärztin werden wollte. Als ich achtzehn war, sagte mein Vater: ›Solange du in meinem Haus von meinem Geld lebst, tust du, was ich dir sage‹.«

Viola wurde nach längerem Kampf Medizinisch-technische Assistentin, weil die Ausbildung dazu viel kürzer war.

»Mein Widerstandspotenzial war nicht stark genug, um mir meinen Traumberuf zu ertrotzen, aber es hat mich zumindest davor bewahrt, Bankangestellte oder Lehrerin zu werden. Da habe ich mich meinem Vater erfolgreich widersetzt.«

Vor fünfzehn Jahren wurde Viola für besondere Verdienste in der Wissenschaft und in der Berufspolitik der Titel »Professorin« verliehen. »Das verdanke ich meiner Ausdauer, an wichtigen Themen dranzubleiben«, sagt sie, und lehnt das Dessert ab, das gerade angeboten wird.

Was wir uns mit diesem Überzeugungssystem leicht erlauben können:
Wir sind beständig, ausdauernd, kraftvoll, loyal, humorvoll und können Situationen auch im positiven Sinne »aussitzen«.

Womit wir uns schwertun:
Eigene Impulse auszuleben, kreativ Ideen voranzubringen, Bedenken loszulassen, begeistert zu sein. Umstrukturierungen und schnelle Veränderungen, alles, was Druck macht und wo uns jemand sagt, was wir tun sollen, machen uns Mühe.

Ähnliche Glaubenssätze zum Lebensthema *Freiheit*:
»Ich bin nicht frei.« – »Ich mache alles falsch.«

Was die Hirnforschung sagt

»Ich will mich nicht unterordnen,
ich muss immer die Nummer eins sein«
Lebensthema: Authentizität

Martin kam als »Nachzügler« zur Welt und pflegt am Stammtisch gern zu sagen: »Ich war der Sanitäter, der im Rettungsauto die Ehe meiner Eltern wiederbelebt hat. Sonst hätten sie sich scheiden lassen.« Was als Scherz gemeint war, hatte für den kleinen Marty, wie er als Kind genannt wurde, einen bitteren Hintergrund. Er war von Anfang an der Puffer zwischen einem Paar, das längst vergessen hatte, dass es einmal aus Liebe geheiratet hatte. Aber weil es schon zwei Kinder, Vermögen und eine gemeinsame Autofirma gab, blieben seine Eltern zusammen und entschieden sich bewusst dafür, ihre Beziehung zu erhalten.

Marty war als Kind der Augenstern der beiden, eine neue, gemeinsame Aufgabe, und wurde den anderen Geschwistern vorgezogen. Als Martin erwachsen war, besprach sein Vater alle wichtigen Entscheidungen mit ihm und überging dabei die älteren Schwestern. »Du wirst das Autohaus übernehmen, ich will, dass du ein würdiger Nachfolger wirst«, sagte er bei jeder Gelegenheit und ignorierte, dass Martin zart besaitet war: »Das hast du von deiner Mutter«, schimpfte er, wenn das Kind einen Marienkäfer vor dem Ertrinken im Schwimmteich retten wollte.

Er wollte auf keinen Fall, dass der Junge »verzärtelt« wird: »Meine Mutter hat mir erzählt, dass er sie im Bett festgehalten hat und ihr nicht erlaubt hat, mich zu trösten, wenn ich schlecht geträumt oder mich gefürchtet habe. Einmal haben sie mich die ganze Nacht durchschreien lassen.«

Als Marty in die Schule kam, wurde seine Lage auch nicht besser. Wenn er weinend nach Hause kam, weil ihn die anderen Buben gehänselt oder geschlagen hatten, gab es von seinem

Vater Schelte statt Trost: »Sei kein Schwächling! Reiß dich endlich zusammen, geh hin und schlag zurück.«

Martins Mutter war nicht einverstanden mit der Erziehung ihres Mannes, aber sie wagte es nicht, ihren Sohn zu verteidigen. Sie half sich mit dem Standardsatz: »Das hast du gut gemacht, darum wirst du auch nicht ausgelacht«, wenn es Marty gelang, seinem Vater zu gefallen.

Martin kam zur Beratung, weil er, obwohl er sehr erfolgreich war und seine Spezialität große Geschäfte waren, aus seiner gut bezahlten Arbeitsstelle als Fondsmanager hinausgeflogen war. Seine Kunden schätzten ihn. Er setzte sich für sie ein und war sehr großzügig. Doch seine innere Haltung: »Wer unter mir Chef ist, ist mir egal«, wurde ihm zum Verhängnis.

Er konnte Hierarchien nicht akzeptieren und legte die Regeln in der Bank so großzügig aus, dass es ständig zu Konflikten mit seinem Vorgesetzten kam. Er hielt Vereinbarungen nicht ein, wenn sie ihm zu »kleinkrämerisch« waren, schloss eigenmächtig »einen großen Wurf« ab, obwohl er ihn hätte bewilligen lassen müssen, und fand grundsätzlich, dass sein Chef »ein unnötiger Zwerg« sei. Zusätzlich stellte sich heraus, dass er auch immer wieder Schwierigkeiten mit seinen Geschwistern hatte. Er war zwar der Jüngste, fühlte sich aber nach dem Tod der Eltern als Familienoberhaupt und benahm sich auch so.

Als Martin in unserer Zusammenarbeit seinem kleinen, verzweifelten Marty begegnete, der sich manipuliert, gedemütigt und herabgesetzt fühlte, verstand er, dass es in seinem Inneren den Glaubenssatz: »Nie wieder soll jemand über mich bestimmen können«, gab. Er verstand, dass er, um sich zu schützen, bisher nicht akzeptieren konnte, dass jemand anderer als er das Sagen hatte und ihm Anweisungen gab.

Martin wird ein »Macher« bleiben, das passt zu ihm. Gleichzeitig ist er bereit, sich seiner Verletzlichkeit zu stellen, und er möchte gern auch seine »schwachen Gefühle« – wie er es nennt – zulassen können.

Was wir uns mit diesem Überzeugungssystem leicht erlauben können:
Wir sind Visionäre, Trendsetter und risikobereit. Charisma und Durchsetzungskraft sind dabei gute Begleiter. Wir sind großzügig und können Menschen begeistern und motivieren. Wir sind mutig und können Führung übernehmen.

Womit wir uns schwertun:
Tiefes Einlassen ist schwer, Gefühle spüren und zeigen eine Herausforderung. Unterordnen in einer Hierarchie macht uns Mühe. Arbeit im Team ist nur dann leicht, wenn die anderen uns die Führung überlassen.

Ähnliche Glaubenssätze zum Lebensthema *Authentizität*:
»Ich kann anderen nur nahe sein, wenn ich überlegen bin.« – »Ich bin der/die Größte.« – »Mir kann niemand das Wasser reichen.« – »Ich kann nicht zeigen, wie verletzlich ich bin.«

»Niemand ist für mich da«
Lebensthema: Versorgung

Judith kam in mein Seminar, weil ihre Therapeutin es empfohlen hatte. »Mir hilft nichts«, sagte sie, »wir kommen in unserer Therapie überhaupt nicht mehr voran.«
Judith hatte Probleme in ihrem Beruf. Sie fühlte sich ständig überfordert und überlastet und fand, dass ihre Kolleginnen und Kollegen sie zu wenig bei ihrer Arbeit unterstützten. Die Pati-

enten im Pflegeheim, in dem sie arbeitete, mochten sie: »Von denen bekomme ich wenigstens ein bisschen Zuwendung, und sie schenken mir manchmal Pralinen.«

Ihr Lebensgefährte hatte sie vor einem halben Jahr verlassen: »Er hat mir gesagt, dass ihn meine ständige Bedürftigkeit wahnsinnig macht.«

Auf meine Frage, ob sie teilweise nachvollziehen kann, warum Mark sie verlassen hat, sagt sie: »Er ist ein karger Selbstversorgertyp und hatte das Gefühl, dass es mir nie reicht, was er mir gibt.«

In ihrem Forschungsprojekt mit mir entdeckt die junge Frau, dass sich hier zwei stark unversorgte Kinder begegnet und mit dem Thema unterschiedlich umgegangen sind. Während Mark, so wie Marga in einer anderen Geschichte, entschieden hatte, nichts mehr zu brauchen, weil es in seiner Kindheit schmerzlich wenig gab, ging seine Partnerin in die andere Richtung und versuchte verzweifelt, Unterstützung zu bekommen, die ihr als Kind gefehlt hatte.

Judiths Mutter war schwer depressiv. In den ganz schlimmen Phasen, wenn sie mit Selbstmord drohte, brachte ihr Vater sie ins Krankenhaus. Dann waren sie und ihre zwei Jahre ältere Schwester auf sich allein gestellt. Ihr Vater hatte kein Geld für eine Haushaltshilfe und Verwandte gab es nicht.

Als Judith mit sechs Jahren in die Schule kam, wurde sie von den anderen Kindern oft verlacht. Ihr Haar war ungekämmt und die Zusammenstellung ihrer Kleidung kunterbunt, weil sich niemand darum kümmerte. Warmes Essen gab es nur am Wochenende, und sie wusste nicht, wie es sich anfühlte, bei jemandem, der sie liebte, auf dem Schoß zu sitzen.

Judith ist berührt, als sie eine jüngere Version ihrer selbst kennenlernt, die ihre Fürsorge braucht: »Ich werde eine Puppe für sie basteln«, sagt sie am Ende des Seminars.

Was die Hirnforschung sagt

Drei Monate später begegne ich Judith zufällig auf der Straße. Sie macht bei ihrer Therapeutin eine Jahresgruppe mit und ist begeistert von dem Reichtum, den sie in sich entdeckt.

Was wir uns leicht erlauben können mit diesem Überzeugungssystem:
Wir sind im sozialen Bereich sehr gut versorgend, weil wir wissen, wie es ist, unversorgt zu sein. Wir haben ein tiefes Interesse an Menschen und sind emotional zugänglich. Wir können gut über unsere Gefühle reden.

Womit wir uns schwertun:
Wir haben ein hohes Bedürfnis nach Unterstützung, können aber die angebotene Unterstützung nicht annehmen. Wir haben wenig Zutrauen in unsere eigene Stärke. Wir tun uns schwer, allein zu sein.

Ähnliche Glaubenssätze zum Lebensthema *Versorgung*:
»Ich bekomme nicht, was ich brauche.« – »Ich kann nicht allein sein.« – »Niemand liebt mich.«

»Die Welt ist ein bedrohlicher Ort«
Lebensthema: Sicherheit

Tobias war in seinem Unternehmen mit siebenundzwanzig Jahren ein sogenannter »High Potential«. Er liebte die Welt der Computer, und wenn es darum ging, kreative Lösungen zu finden, dann war er der gefragteste Mann im ganzen Team. Trotz seiner Jugend hatte er nach kurzer Zeit eine Sonderstellung unter den »Kreativen« und war zudem bei seinen Kollegen durch sein feines, stilles Wesen sehr beliebt. Er konnte manchmal Gedanken lesen und spürte Stimmungen im Team, bevor sie überhaupt bei den anderen ankamen. Wenn er mit seinen Freunden am Abend »chillte«, dann war sein Lieblingsfilm einer, in dem die Menschen eine Katastrophe in einer geschützten Blase überlebten.

Er hatte sich sein Leben gut eingerichtet und vermisste nichts. Dann geschah etwas, das seine Welt zutiefst erschütterte: Das kleine Start-up-Unternehmen, in dem er arbeitete, wurde an einen großen Konzern verkauft. Seither geht er jeden Morgen statt in das schmuddelige, gemütliche Loft, wo auf dem Dach ein paar verrostete Gartenstühle zum »Himmelträumen« stehen, in ein Großraumbüro, das er nicht nur mit seinen alten, sondern auch mit vielen anderen neuen Kollegen teilt.

Am Anfang dachte er, wenn er sich seine Kapuze überzöge, an der sich früher niemand gestoßen hatte, dann könnte er sich »wegbeamen« und in Ruhe seine Arbeit tun. Doch der Lärm, die Blicke der anderen und die strengen Strukturen, an die er sich nun plötzlich halten musste, waren »Kreativitätskiller« für ihn.

Sein neues Unternehmen schickte ihn zum Coaching, weil seine Leistungen immer mehr nachließen. Sein Vorgesetzter mochte ihn und wollte den »Wunderknaben«, dem der Ruf eines Genies vorausgeeilt war, in seinem Team behalten.

Es dauerte eine Weile, bis Tobias mir vertraute und wir gemeinsam in seiner Vergangenheit forschen konnten: Tobias' Mutter hatte vor seiner Geburt drei Tage in den Wehen gelegen. Sie wohnte in einem Dorf, und als sich ihr Sohn ankündigte, ging sie ins nächstgelegene kleine Krankenhaus, das in der Geburtsabteilung gerade einen starken Personalengpass hatte. Niemand hatte Zeit, sich darum zu kümmern, wie es ihr und dem Kind bei dieser Marathongeburt erging. Als das Baby in letzter Minute mit der Zange geholt wurde, war sein Kopf schon ganz blau und es hatte die Nabelschnur um den Hals.

Tobias' Mutter war Verkäuferin im einzigen Lebensmittelgeschäft im Dorf und konnte es sich nicht leisten, ihre Arbeit zu unterbrechen, weil der Vater als Postzusteller nicht genug verdiente. Also wuchs der kleine Tobi im Hinterzimmer des Ladens auf und musste vor allem still sein, damit er die Kunden nicht störte. Das Geschäft hatte einen Hinterausgang zu einem kleinen, eingezäunten Garten, in dem Tobias im Sommer spielen durfte. Doch auch hier musste er leise sein, weil die Mieterin im ersten Stock sich sofort beschwerte, wenn er jauchzend den Hühnern nachlief oder andere »schlimme« Sachen machte.

Mit meiner Frage: »Ist es heute wirklich noch wahr, dass die Welt ein bedrohlicher, gefährlicher Ort ist?«, fing ein Prozess an, in dem der feinfühlige Mann seinen Glaubenssatz hinterfragte. Tobias, der sich bisher durch seine zurückhaltende Art auch mit Frauen schwergetan hatte, obwohl sie sich für den sensiblen Mann sehr interessierten, lernte die Welt mit den Augen eines empathischen, erfolgreichen Erwachsenen zu sehen. Der kleine Tobi bekam einen guten Platz in seinem Leben, und der große Tobias versprach ihm, dass er sich jederzeit melden durfte, wenn ihm das Gewühl da draußen zu viel wurde.

Gemeinsam mit ein paar Kolleginnen und Kollegen erreichte Tobias, dass »die Kreativen« aus dem Großraumbüro in ein gemütliches Büro umziehen durften.

Was wir uns mit diesem Überzeugungssystem leicht erlauben können:
Wir sind kreativ, analytisch, sensibel und feinfühlig und haben meistens einen guten Zugang zu »anderen Welten«. Unser Forschergeist bringt uns auf geniale Ideen.

Womit wir uns schwertun:
Kontakt ist schwierig, wir haben Angst vor Nähe. Wir fühlen uns häufig isoliert und abgeschnitten von den eigenen Gefühlen. Auf den Tisch zu hauen und uns für uns selbst einzusetzen, ist schwierig. Öffentliche Auftritte und Massenveranstaltungen sind eine Herausforderung.

Ähnliche Glaubenssätze zum Lebensthema *Sicherheit*:
»Ich bin nicht willkommen.« – »Mit mir ist etwas verkehrt.« – »Ich gehöre nicht hierher.«

> *»Ich kann nicht zeigen, wie ich wirklich bin,*
> *ich bin so, wie ihr mich haben wollt«*
> *Lebensthema: Authentizität*

Isabellas Auftritte ernteten immer Bewunderung, und neben ihr sehen die meisten anderen Frauen langweilig aus. Das liegt nicht daran, dass sie perfekt schön ist, sondern an ihrer verführerischen Präsenz. Sie strahlt, sie ist attraktiv, sie fällt auf. An einem Tag kann sie in einem hautengen Kleid und hochhackigen Schuhen als Vamp daherkommen, weil der Mann an ihrer Seite sie so am liebsten sieht. Am nächsten Tag ist sie mit einem Pipi-Langstrumpf-Outfit der Hingucker, weil sie eine Party mit alternativem Publikum besucht.

Sie ist »everybody's darling« und tut alles dafür. Ihr Exmann nannte sie »mein wunderschöner Paradiesvogel«. Eine Freundin, die inzwischen keine mehr ist, seit sie sich um eine Eroberung gestritten haben, gab ihr den Spitznamen »Chamäleon«. Das ist sie tatsächlich. Sie hat die Begabung, sich immer wieder neu so zu verwandeln, als hätte sie mit Bravour eine Schauspielschule abgeschlossen.

Niemand im Unternehmen spielt, was Umsätze angeht, in ihrer Liga. Wenn Isabella ein Verkaufsgespräch führt, dann beobachtet sie ihre Kunden genau, fühlt sich in ihre Welt ein, wird wie sie und spricht ihnen aus der Seele. »Sie könnte«, sagt der Besitzer des Autohauses, in dem sie arbeitet, »einem Bewohner des Nordpols eine Klimaanlage verkaufen.«

Privat ist Isabella weniger erfolgreich. Sie ist locker, flexibel, experimentierfreudig und hat kein Problem mit einem Onenight-Stand. Doch das, wonach sie sich sehnt, ist nie dabei. »Ich würde wirklich gerne einen neuen Partner finden, aber es glückt mir nicht. Ich habe ein Händchen für die falschen Männer.«

Isabella kam zur Beratung, weil sie sich »so seltsam hohl und einsam fühlte«, und lernte ihre unsichere, verletzte, jüngere Version kennen, die sich als Paradiesvogel tarnen musste, um zu überleben: Ihre Mutter war sehr jung, als sie schwanger wurde, und mit dem Kind völlig überfordert. Als Isabella drei war, lief sie mit einem anderen Mann weg, und der Vater bekam das Sorgerecht.

Er war ein Mann, der sich selber als »Schmetterling« bezeichnete und von Blume zu Blume flog. Und so saß Isabella alle paar Monate auf einem anderen Schoß. Sie versuchte für Lilly, Marion, Dagmar und wie die Frauen noch alle hießen, so zu sein, wie es von ihr erwartet wurde, um ein paar Brosamen Zuwendung zu bekommen. »Du musst lieb sein«, sagte ihr Vater, »dann mögen sie dich.« Und weil »lieb sein« bei jeder dieser Frauen etwas anderes bedeutete, war das Kind fröhlich, verspielt, ernst, wissbegierig oder still, – was eben gerade erwünscht war.

Irgendwann wurde es ihrer Großmutter zu viel. Sie fand, dass ihr »herumstreunender« Sohn kein guter Umgang für ihre Enkelin sei, und nahm Isabella mit aufs Land, wo sie mit ihrem Mann einen großen Bauernhof bewirtschaftete. Es hätte für das Kind ein Paradies sein können, doch sie kam vom Regen in die Traufe: Ihr Großvater, der schon seine Töchter missbraucht hatte, machte auch vor der Enkelin nicht halt.

Isabella lernte nie Grenzen kennen, weil ihre eigenen ständig verletzt wurden. Jeder nahm sich von ihr, was er wollte, und so wurde sie erwachsen und setzte ihre Begabung, auf andere vollständig eingehen zu können, für ihren beruflichen Erfolg ein.

Isabella fand eine Selbsthilfegruppe für missbrauchte Kinder und lernte zum ersten Mal, dass sie Grenzen ziehen durfte, dass sie sich um ihre eigenen Bedürfnisse kümmern durfte, und fand heraus, was ihr wirklich guttat.

Als ich sie nach zwei Jahren zufällig wieder traf, hatte sie ihren Job als Autoverkäuferin aufgegeben und machte eine Ausbildung zur Lebens- und Sozialberaterin: »Ich habe mich selbst gefunden und möchte anderen Frauen dabei helfen.«

Was wir uns mit diesem Überzeugungssystem leicht erlauben können:
Wir haben eine sehr gute Beobachtungsgabe und viel Einfühlungsvermögen. Wir sind flexibel, zuvorkommend und charmant, können uns gut auf andere einstellen und sind in Berufen, wo dies wichtig ist, unschlagbar.

Womit wir uns schwertun:
Wir haben Schwierigkeiten, echte Kontakte zu knüpfen und stabile Beziehungen einzugehen. Wir neigen dazu, an der Oberfläche zu bleiben, und tun uns schwer zu wissen, wer wir wirklich sind.

Ähnliche Glaubenssätze zum Lebensthema *Authentizität*:
»Ich zähle nicht.« – »Um mich geht es nicht.« – »Ich muss anderen gefallen, damit ich akzeptiert werde.«

»Ich werde nur geliebt, wenn ich viel leiste«
Lebensthema: Wert und Leistung

Gerd kommt in meine Beratung, weil seine Frau ihn verlassen will, wenn er nicht bereit ist, sich zu ändern. »Sie hat die Nase voll davon, dass ich immer so spät vom Büro nach Hause komme, obwohl ich ihr versprochen habe, dass wir uns gemeinsam um unsere Kinder kümmern. Und wenn ich da bin, wirft sie mir vor, dass ich zwanghaft bin, von Lena und Jakob eine zu strenge Ordnung verlange und nur an ihren Leistungen interessiert bin.«

Auf meine Frage, ob diese Vorwürfe aus seiner Sicht berechtigt sind, legt er mir sein intellektuell hochwertiges Konzept für seine Lebensplanung vor, in dem rebellierende Frauen und unordentliche Kinder den perfekten Ablauf stören. Er gibt zu, dass es ihm wichtig sei, dass alle Dinge immer am gleichen Platz sind.

Gerd liebt seine Frau und möchte sie nicht verlieren. Ob er sich selber liebt? Darauf weiß er keine Antwort und sagt irritiert: »Das habe ich mir noch nicht überlegt.«

Sein Anzug ist makellos, seine Schuhe immer blank geputzt und er kommt immer auf die Minute pünktlich zu unseren Beratungen. Als er das erste Mal Tränen in den Augen hat, weil er den kleinen Gerd in sich entdeckt, der Angst hat, nicht zu entsprechen, zieht er ein makelloses, weißes Taschentuch hervor, um sich die Nase zu putzen.

Gerd wird immer ein genauer, zielgerichteter, effizienter Mensch bleiben, das ist sein »branding«, seine Marke, wie er es nennt. Das war es auch, was seine eher chaotische Frau am Anfang an ihm so angezogen hat. Die Verlässlichkeit, die Vorhersehbarkeit, die Sicherheit, dass Versprechen, die gemacht werden, auch eingehalten werden.

Um den anderen Teil, der Angst hat, nicht zu genügen und nicht geliebt zu werden, in sich wahrzunehmen, braucht es auch bei Gerd einen Ausflug in seine Kindheit: Seine Großeltern haben von seinem Vater verlangt, dass er sie mit »Sie« anredet. Die Kinder durften bei Tisch nicht sprechen, und wer ungehorsam war, wurde aus dem Esszimmer in die Besenkammer verbannt. Sein Vater erzählt noch immer, dass ihm diese strenge Erziehung nicht geschadet habe und er seinen Eltern dankbar sei, dass sie aus ihm einen »anständigen Menschen« gemacht haben.

Das sollten seine eigenen Kinder auch werden. Er erzog sie nicht so streng, aber die Kälte und der Liebesentzug, mit dem er den kleinen Gerd bestrafte, wenn er nicht entsprochen hatte, war genauso schlimm. Seine Mutter sah zu und half ihm nicht. Sie wagte es nicht, gegen ihren Mann aufzutreten. Also strengte das Kind sich unendlich an, kein Versager zu sein, und bemühte sich, durch Leistung zu brillieren.

Als Gerd in der Volksschule einmal nur eine mittelmäßige Bewertung in Deutsch nach Hause brachte, sagte sein Vater: »Du bist begabt, von dir hätte ich Besseres erwartet«, und gab ihm das übliche Geld für gute Noten im Zeugnis nicht, obwohl alle anderen Ergebnisse brillant waren. »Ich wurde im Gymnasium der Vorzugsschüler in meiner Klasse, und wenn meine Mutter zum Elternsprechtag ging, gab es nur Lob von den Lehrern.«

Dieses Lob wurde an Gerd nicht weitergegeben, weil sein Vater der Meinung war: »Dass der Junge funktioniert, ist doch eine Selbstverständlichkeit, das muss man doch nicht bereden.« Seine Frau, die er ebenfalls schon »gut erzogen« hatte, folgte seinen Wünschen. Sie kam aus kleinen Verhältnissen und litt darunter, dass ihre Schwiegereltern sie nicht mochten, weil ihr Sohn etwas Besseres verdient hätte.

Gerd fügte sich und machte das Beste aus seinem Leben, in dem Anerkennung an Leistung gekoppelt war: »Mein Jurastudium habe ich schneller abgeschlossen als der Durchschnitt meiner Kollegen. Ich konnte sofort in einer renommierten Kanzlei anfangen und wurde nach ein paar Jahren von einer noch renommierteren Kanzlei als Partner abgeworben.«

Und die Liebe?

»In meiner Freizeit habe ich ehrgeizig Sport betrieben. Ich war, bis ich Mariella heiratete, ein hervorragender Ruderer und habe mit meiner Kampfmannschaft viele Preise gewonnen. Meine Frau ist die Schwester einer Ruderkollegin, und ich war beim Sommerfest von ihrer unkonventionellen Art fasziniert. Sie studierte ewig lang Theaterwissenschaften, machte ein bisschen Yoga, schwamm gerne und lachte über meinen Ehrgeiz, den sie anstrengend fand. Sie war so erfrischend anders als meine Kolleginnen in der Kanzlei.«

Gerd und Mariella gehören zu den Paaren, die sich gegenseitig gute Entwicklungschancen bieten. Er kann inzwischen manchmal einfach abhängen und die Veränderung genießen.

»Letzthin hat meine Frau ein total chaotisches Picknick für unsere Freunde organisiert, weil sie sich geweigert hat, mit mir Listen zu erstellen, was alles eingekauft und geplant werden muss. Und ich habe mich zum ersten Mal für die Pannen nicht verantwortlich gefühlt und konnte mit einem Bier in der Hand auf ihrer geblümten Decke sitzen und einfach die Lebendigkeit genießen, die sie in mein Leben bringt. Dass meine Kinder herumtobten und dabei meine volle Kaffeetasse umgeworfen haben, hat mir nur noch einen kleinen inneren Stress verursacht.«

Was wir uns mit diesem Überzeugungssystem leicht erlauben können:
Wir sind zielgerichtet und sachlich, können logisch denken und für unseren Erfolg kämpfen. Wir sind zuverlässig, genau und gut strukturiert.

Womit wir uns schwertun:
Wir versuchen, Probleme intellektuell zu lösen, und haben keine Zeit für Gefühle. Es fällt uns schwer, uns zu entspannen und unsere Ansprüche an uns selbst und an andere zu reduzieren.

Ähnliche Glaubenssätze zum Lebensthema *Wert und Leistung*:
»Ich bin nicht gut genug.« – »Nur wer arbeitet, darf essen.« – »Zuerst die Arbeit, dann das Vergnügen.« – »Der frühe Vogel fängt den Wurm.« – »Es reicht nie.«

Empfehlungen

- Freuen Sie sich über die vielen einmaligen Fähigkeiten, die Sie in Ihrer Kindheit erlernt haben. Wir sind alle geniale Überlebenskünstlerinnen und Künstler.
- Mögen Sie sich genau so, wie Sie sind. Sie sind wunderbar. Falls Sie das nicht wissen, tun Sie auf jeden Fall so, als ob. Unser Gehirn kennt den Unterschied nicht.
- Lassen Sie sich von niemandem einreden, dass sie verkehrt gestrickt sind.
- Sie haben als Kind genau die Strategien für Ihr Leben entwickelt, die wertvoll für Sie waren und die für immer Ihre Ressourcen bleiben werden.

Was die Hirnforschung sagt

- Wenn Sie sich auf den Weg machen, die Beschränkungen herauszufinden, die Teil jedes Überzeugungsmusters sind, empfiehlt es sich, als nächsten Schritt Ihre automatischen Reaktionen ohne Wertung zu beobachten: Wie reagiere ich auf Zurückweisung, auf Frustration, auf Stress, auf Nähe, auf Distanz und so weiter. Meistens tauchen dann auch »Glaubenssätze« auf, die dazu passen.
- Wir sind nicht einfach so, vielmehr haben wir als Kind aus gutem Grund gelernt, uns so zu verhalten. »Eigenschaften sind Gäste in unserem Leben, und wir können uns entscheiden, ob wir ihnen langfristig ein Zimmer vermieten.« (Matthias Varga von Kibéd, mündlich)
- Niemand von uns hat nur ein einziges inneres Überzeugungssystem. Wir haben von allem etwas und bevorzugen in Stresssituationen meistens den Zugang, der uns am besten vertraut ist und uns als Kind in einer ähnlichen Situation geholfen hat.
- Hüten Sie sich vor Urteilen und Kategorisierungen. Das verschließt unser Herz vor uns selbst und vor anderen. Jedes problematische Verhalten entsteht aus einer Not heraus. Wenn Sie können und nicht gerade selber durch eine Interaktion mit starker Wechselwirkung tief getroffen sind, schenken Sie sich selber und Ihrem Gegenüber Ihr Mitgefühl.
- Haben Sie Geduld mit sich und anderen. Muster sind hartnäckig, und für manche ist die nachhaltige Veränderung von Überzeugungssystemen eine lebenslange Aufgabe.
- Genießen und schätzen Sie noch mehr das Gute an Ihren Glaubenssätzen. Wenn Sie bisher geglaubt haben, dass Sie nur geliebt werden, wenn Sie viel leisten, dann erfreuen Sie sich an Ihren guten Leistungen und lieben Sie sich selbst, auch wenn Sie sich erlauben, endlich einmal nichts zu leis-

ten. Sie sind und bleiben ein wunderbares Wesen, einfach weil es Sie gibt!

- Wenn Sie glauben, dass Sie keine erlernten Muster haben oder unsicher sind, fragen Sie Ihre Partnerin, Ihren Partner oder Ihre Freunde. Wir haben leicht einen blinden Fleck, was unsere eigene Wirkung nach Außen angeht.
- Nehmen Sie Ihre Rückfälle in alte Muster mit Humor, dann tun Sie sich leichter.
- Wenn Sie das Gefühl haben, dass Sie Ihren automatischen Reaktionen und Glaubenssätzen ausgeliefert sind, holen Sie sich professionelle Unterstützung.
- Vergessen Sie nicht: Noch ehe Sie geboren wurden, waren Sie schon erwünscht, geliebt und erwartet. Denn niemand kommt ohne diese göttliche Ausrichtung zur Welt. Und falls es keinen Menschen in Ihrem Leben gibt, der Ihnen das gerne sagt, dann sagen Sie es möglichst täglich zu sich selbst.

- Bücher, die ich empfehle:
  - Virginia Satir: Meine vielen Gesichter. Wer bin ich wirklich?, München 2014
  - Virginia Satir: Mein Weg zu dir. Kontakt finden und Vertrauen gewinnen, München 2017
  - Gerald Hüther: Bedienungsanleitung für ein menschliches Gehirn, Göttingen 2010
  - Sabine und Roland Bösel: Warum haben Eltern keinen Beipackzettel? Über Risiken und Nebenwirkungen des emotionalen Erbes fragen Sie Ihre Partnerin oder Ihren Partner, Wien 2013
  - Hans-Otto Thomasdorf, Ich suchte das Glück und fand die Zufriedenheit, München 2014
  -

Gesundheit im Kopf

Eine Empfehlung im Voraus: Falls Sie sich am Ende dieses Kapitels fragen, was dieser Text mit Gesundheit zu tun hat, kann ich das gut verstehen. Geben Sie mir und sich eine zweite Chance, wenn Sie mögen, und lesen Sie ihn noch einmal.

Ich bin für meine körperliche, geistige und seelische Gesundheit verantwortlich. Nur ich! Weder meine Eltern noch all jene, die ich als Entschuldigung anführen könnte, dass dies oder jenes in meinem Leben nicht klappt. Ich weiß, dass meine Gedanken und Gefühle mein Wohlbefinden steuern und auf alle meine Systeme wirken.

Ich spüre intensiv, dass Angst, Kränkung, Ärger, Wertlosigkeit sich direkt auf meine Gesundheit auswirken, weil mein Körper in Stress gerät und alle diese Emotionen speichert. Ich wundere mich nicht, dass mir dann mein Rücken oder mein Magen wehtut, weil sie meine »Warnblinkanlagen« für negative Gefühle sind.

Unsere Sprichwörter wissen das schon lange: »Das schlägt mir auf den Magen«, »Den kann ich nicht riechen«, »Das hat ihm das Rückgrat gebrochen«, »Mir ist etwas über die Leber gelaufen«, »Da bekomme ich einen dicken Hals« – und vieles mehr an Weisheiten hat uns der Volksmund hinterlassen.

Obwohl mir all diese Zusammenhänge längst klar sind und ich das Beste für meinen Körper, meinen Geist und meine

Seele will, rassle ich manchmal dennoch in alte Gewohnheiten hinein, die mir nicht guttun. Doch wie schon meine Tante Mitzi zu sagen pflegte: »Das Bewusstsein ist ein Hund«, und damit meinte sie, dass man neben dem Gefühl auch einen klaren Kopf und Disziplin braucht, wenn man ein gutes Leben haben will.

Seit ich aufgehört habe, mich für meine Ausrutscher zu verurteilen, verfolge ich mein Forschungsprojekt, die beste, strahlendste Version von mir selbst zu sein, mit Neugierde und Freude. Mir wird auch immer klarer, dass es dabei weniger um Yoga und Müsli zum Frühstück geht, sondern vor allem darum, was ich meinem Gehirn und meinem Körper für Gedanken und Gefühle erlaube – oder zumute.

Ich bin mit dem Satz »Gesundheit ist dein höchstes Gut« aufgewachsen. Doch erstens war er mir egal, und zweitens haben meine Eltern damit hauptsächlich gemeint, dass ich mich gesund ernähren, genug schlafen, wenig Schokolade essen, im Winter eine warme Unterhose anziehen und in den Monaten mit »r« nicht barfuß gehen soll. Die Einheit von Körper, Geist und Seele spielte nach dem Krieg keine große Rolle. Was für die meisten Menschen zählte, war ein gutes »Überleben«.

Damals war es »normal«, dass »Seelenklempner« nur für Verrückte da sind und dass der Geist sich darauf konzentrieren soll, genug zu lernen, damit man später gutes Geld verdienen kann.

Heute ist der wissenschaftliche Nachweis, dass unsere Gedanken und Gefühle uns krank machen oder gesund erhalten, längst erbracht. Immer mehr Hirnforscher, Genforscher, Zellforscher und andere Wissenschaftler angrenzender Gebiete sind sich einig, dass wir unglaubliche Möglichkeiten haben, unser Bewusstsein zu schulen und uns dadurch selbst zu heilen. Erstaunlich ist, dass dieses Wissen über unsere »innere Apotheke« in der Vorsorgemedizin und bei vielen Ärzten und Ärztinnen noch nicht angekommen ist. Doch dort, wo wir auf unsere Selbstheilungskraft setzen und die Schulmedizin uns dabei unterstützt, können Wunder geschehen, die uns ermutigen, unsere Gesundheit selbst in die Hand zu nehmen.

»Es passierte auf dem Klo. Morgens um acht Uhr. Ich war allein. Und deshalb beides, Täter und Opfer. Die Diagnose wenige Stunden später: Paraplegie, Querschnittlähmung von der Mitte der Brust abwärts.« Die Frau, die spricht, eröffnet mit ihrer Rede den Kongress: »Wie Krankheit zu Gesundheit führt«, zu dem ich ebenfalls als Referentin eingeladen war.

»Die Chance, je wieder ohne Rollstuhl durchs Leben gehen zu können, lag bei null bis fünf Prozent. Auslöser war eine lange andauernde Verstopfung, gepaart mit einem leichten Bandscheibenvorfall. Durch mein starkes Vorbeugen agierten meine Bandscheiben plötzlich als scharfe Messer und trennten meine Nervenstränge fast gänzlich durch. Ich lag rücklings auf dem WC-Boden und ahnte, dass das hier eine Zäsur in meiner Lebensgeschichte ist.«

Edith Gloor betrat das Podium leichtfüßig und ohne sichtbare Behinderung, und als sie von ihrem Manuskript aufsah und ihr Publikum anlächelte, wusste ich, dass ich hier einer Meisterin der Selbstheilung begegnet bin.

In diesen eineinhalb Stunden, in denen Edith uns über die Heilung von ihrer Querschnittlähmung erzählte, war es ganz still im Saal. Nach dem ersten Entsetzen über ihren Unfall nahm sie die Herausforderung an. Jedes einzelne Wort, das diese lebendige, humorvolle Frau mit den grauen Locken und dem entspannten Gesicht sprach, richtete sich an unsere eigene Selbstheilungskraft. Ihr Vortrag war voller Weisheit, aus dem ich hier einige Teile, die mich besonders berührt haben, zitiere.

»Wir können innerhalb unseres ureigensten Seelenmaterials eigenmächtig eine Drehung veranlassen, denn solche ›Fugen‹, sprachverwandt mit ›Gefüge‹, wollen uns ermutigen, ein vollkommen neues, ausgewogeneres Lebens- oder Seelenmuster zu entwickeln, damit im Idealfall ein Goldener Schnitt entstehen kann. Ich war aufgerufen, mich selbst neu zu denken.«

Edith Gloor trainierte, als sie nach einer komplizierten Operation wieder sitzen konnte, zuerst im Rollstuhl, dann ging sie an Riemen und Kran. Nach vielen Wochen kamen die ersten Erfolge.

»Offensichtlich begannen die täglich im Kopf imaginierten und szenisch detailliert ausgemalten physiologischen Abläufe in meinem Gehirn zu greifen. Noch vorhandene Körperfunktionen wurden so wachgehalten und verloren gegangene konnten auf anderweitig besetzte Nervenverbindungen umprogrammiert werden.«

Während Edith sprach, wurde mir klar, dass solche »Goldenen Schnitte« die alte Persönlichkeit und ihre eingefahrenen Gewohnheiten völlig außer Kraft setzen und so – wenn auch zunächst unfreiwillig – Raum für Neues entsteht.

»Alles andere war unwichtig. Scham angesichts meiner körperlichen Versehrtheit, das komplette Ausfallen der bis dahin von mir zelebrierten Eleganz waren nicht mehr von Bedeutung. Etwas zu sein in der Welt, war nicht mehr von Bedeutung. Zeit war nicht mehr von Bedeutung. Selbst geliebt zu werden, war nicht mehr von Bedeutung.

Die an mich gestellte Aufgabe war es nun, das Göttliche in mir als etwas Permanentes zu erleben. Es war ein schöpferischer Akt, glühend in seiner Intensität und streng in der Disziplinierung. ›Geheilt werden‹ an Geist, Seele und Körper erfährt man aus dem eigenen ›Tun‹, gepaart mit etwas Passivem, nämlich dem, ›was an mir‹ getan wird. Das ist ein Wechselspiel.

Und in diesem Prozess erkannte ich, dass meine Seele krank war. Schon immer. Ein Leben lang war ich im Würgegriff einer

Angstneurose. Ein Leben lang überspielte ich sie mit Eloquenz und Eleganz. Und diese Erkenntnis war der allererste Schritt zur Genesung. Das war der Sinn, nach dem zu suchen mir vom Schicksal aufgetragen wurde. Heil werden an der Seele.

Bloß eiserner Wille und Verbissenheit hätten mir damals geschadet und mir den Zugang zu meinen Selbstheilungskräften versperrt. Ich wusste, dass nur positiv geladene Botenstoffe die Neuroplastizität im Gehirn, also das Neubilden von Nervenverbindungen, anregen. Also brauchte ich eine versöhnliche Grundhaltung, ein Ergriffensein von der Neuwerdung und jene Gewissheit und Zuversicht, dass es so, wie es ausgehen wird, gut ist. Und dass die Situation, in der ich mich befinde, richtig und eine Vereinbarung zwischen mir und meinem Schicksal ist.«

Der Vortrag endete mit einem tosenden Applaus für diese mutige Frau, die uns vorlebt, wozu wir im positiven Sinn fähig sind.

Ein Mann im Publikum, dem die Ärzte eine statistische Frist von drei bis fünf Lebensjahren gegeben haben, schöpfte Hoffnung aus Edith Gloors leidenschaftlichem Plädoyer für ein neues Leben und fragte mich, ob er bei der *Strukturaufstellung, die ich später zeigen werde, mein Klient sein dürfe: »Bitte arbeiten Sie mit mir, ich möchte meine Selbstheilungskraft aktivieren.«

Und so kommt es, dass Manfred mir bei der Schlussveranstaltung des Kongresses als Klient gegenübersitzt. Ich sehe ihn an

---

* Strukturaufstellungen sind ein Raumsimulationsverfahren, bei dem durch die sogenannte »repräsentierende Wahrnehmung« heilsame Veränderungen in System »bildlich« dargestellt, gespürt und verankert werden können. Mehr dazu in meinem Grundlagenbuch *Basics der Systemischen Strukturaufstellungen* (Kösel 2008).

und warte ab, was meine innere Führung mir empfiehlt. Die vielen Menschen rund um uns habe ich schon vergessen. Die Frage, die ich ihm dann stelle, verblüfft mich selbst: »Haben Sie einen Glaubenssatz, der Sie daran hindern könnte, Ihre Selbstheilungskraft zu aktivieren?« Er schaut mich erstaunt an und sagt dann wie aus der Pistole geschossen: »Ich bin erfolglos!«

Die Arbeit ging tief und endete damit, dass der Satz sich wandelte: »Ich bin dein innerer Erfolg«, sagte die Frau, die sich bei der Aufstellung als Repräsentantin für Manfred zur Verfügung gestellt hatte. Die beiden wanderten Hand in Hand durch seine Biografie, die ich symbolisch mit einer Zeitlinie darstellte, und nahmen das Gute aus seinen einzelnen Lebensabschnitten mit. Das Schwere, das weit über sein eigenes Leben in die Ahnenreihe zurückreichte, ließ Manfred hinter sich, und er schaute aus der Gegenwart in eine Zukunft, die ihn willkommen heißt.

Zwei Monate später, der Saal ist bis auf den letzten Platz besetzt. Mehr als siebenhundert Menschen aus vierzig Ländern sind zu diesem Workshop in Wien gekommen, um Dr. Joe Dispenza zu erleben. Sein Weltbestseller *Du bist das Placebo* hat das Leben vieler kranker, aber auch gesunder Menschen nachhaltig verändert. Ich sehe mich suchend um und entdecke in einer der letzten Reihen doch noch einen freien Platz. Erleichtert setze ich mich und schaue in vertraute Augen. Manfred, mein Klient vom Kongress, hat sich auf den Weg gemacht, um seine Gedanken und Gefühle in eine neue Realität zu bringen. Es scheint so, als ob eine Fügung es wollte, dass wir einander wieder begegnen.

»Dr. Joe«, wie seine weltweite Fangemeinde ihn nennt, ist auf den beiden riesengroßen Videowänden so präsent, dass ich trotz der vielen Menschen das Gefühl habe, dass er genau mich meint und genau mich darin unterstützen will, das »Genie« zu sein, als das ich vom Universum gedacht bin.

»You are genius, live it«, ist der Leitsatz für die nächsten drei Tage – du bist ein Genie, lebe es. Und mir wird noch klarer, dass ich mein volles Potenzial nur leben kann, wenn ich mich für meine körperliche, geistige und seelische Gesundheit einsetze. Das Handwerkszeug, das er uns dafür mitgibt, ist mir vertraut. Es ist das, was ich mir selbst und meinen Kunden und Kundinnen empfehle. Gleichzeitig merke ich, dass mir die vielen Wiederholungen guttun. Er zeigt uns Bilder, wie unser Gehirn auf Ereignisse, Gedanken und Gefühle reagiert, erzählt uns von Studien, die nachweisen, dass Menschen sich mit der Kraft ihrer veränderten Gedanken geheilt haben.

In seinem Buch erzählt er seine eigene, aber auch viele andere Geschichten von Menschen, die nach schweren, teilweise unheilbaren oder tödlichen Erkrankungen wieder vollständig gesund wurden. Sein persönlicher Weckruf erreichte ihn bei einem Triathlon, als ein Geländewagen ihn überfuhr. Heute bezeichnet er seinen schweren Unfall als »Privileg«. Denn das, was der Autor und internationale Vortragende heute ist, verdankt er diesem Schicksalsschlag. Der Chiropraktiker aus Kalifornien nahm die Diagnose, dass er für immer mit chronischen Schmerzen und einem Metallstab im Rücken leben müsse, nicht hin: »Ich glaube an eine uns innewohnende Intelligenz, ein unsichtbares, lebensspendendes Bewusstsein. Es unterstützt, unterhält, schützt und heilt uns in jedem Augenblick unseres Lebens.«

Gegen den Willen der Ärzte verließ er das Krankenhaus und schaffte es, sich selbst zu heilen: »Ich befand mich auf einer Mission. Jeden Tag wollte ich als Erstes an der Rekonstruktion meiner Wirbelsäule arbeiten, Wirbel für Wirbel, um diesem Bewusstsein – falls es meine Bemühungen tatsächlich wahrnahm – zu zeigen, was ich wollte.«

Die Übung ist geglückt, das Credo, mit dem Dr. Joe Dispenza durch die Welt reist, klingt einfach und ist doch harte Arbeit, wenn wir es umsetzen wollen: Wir alle formen unser Gehirn und unseren Körper durch die Gedanken, die wir denken, die Emotionen, die wir fühlen, die Absichten, die wir hegen, denn unsere Energie folgt der Aufmerksamkeit und erschafft so Materie.

Das Ergebnis, zu dem das in unserem Alltag führt, ist beeindruckend. Jeder einzelne negative Glaubenssatz, wie zum Beispiel »Ich bin unheilbar krank«, wird so »verdrahtet« und gesichert, jede negative Gewohnheit bekommt einen Ehrenplatz. Genauso verändert jede positive Veränderung, wenn sie oft genug wiederholt wird, die Schaltkreise im Gehirn und damit unsere automatischen Gedanken und Gefühle.

Wir haben alle die Chance, diese alten Muster aufzuspüren, sie zu löschen und durch neue, gesündere, zu ersetzen. Dr. Joes Vorschläge, wie das am besten nachhaltig glücken kann, sind eine verständliche Zusammenfassung der Hirnforschungsergebnisse der letzten Jahrzehnte:

- Wiederholung ist wichtig: Investiere täglich Zeit in dich und deine neue Ausrichtung. Wer bist du heute in dieser Welt? Ein Mensch mit negativen Programmierungen, ein Opfer deiner eigenen Vergangenheit? Oder entscheidest du dich bewusst dafür, deine beste Version zu sein.
- Disziplin ist unabdingbar: Wenn du, bevor du deinen Tag beginnst, keine Zeit hast, dich auszurichten und zu meditieren, steh früher auf.
- Wir steuern unser Gehirn selbst: Dein Körper und dein Geist brauchen in jeder Minute klare Signale von dir. Wenn dir das bewusst ist, kannst du unabhängig davon, wie alt oder wie jung du bist, wie gesund oder krank, diese Veränderungen schaffen.

- Alte Gewohnheiten sind breite Autobahnen: Wenn du dein Gehirn umprogrammierst und deinem Körper neue Signale gibst, fühlt sich das wahrscheinlich unnatürlich an, weil du daran gewöhnt bist, nach deinen negativen Gefühlen und Beschränkungen süchtig zu sein.
- Rückfälle in alte neuronale Verschaltungen sind normal: Gib nicht auf. Am Ende des Tages, wenn du solche Momente, wo du in deine alten Muster gefallen bist, reflektierst, erhöhst du damit schon dein neues Bewusstsein und weißt, dass du auf einem guten Weg bist.
- Hab Geduld: Du wirst einen wunderschönen Garten in dir anlegen und sicher nicht sofort eine Pflanze vernachlässigen und ausreißen, nur weil sie nicht so schnell wächst, wie du es dir vorstellst.
- Eine neue Zukunft speist sich nicht aus der Vergangenheit: Wenn du in die alten, negativen Programmierungen zurückfällst, erkennst du es daran, dass du vertraute Gefühle wie Angst, Zorn, Wertlosigkeit, Ärger, Hoffnungslosigkeit, Kränkung und so weiter aufrufst. In diesem Moment hast du deinen gegenwärtigen Augenblick verlassen. Denn die Ereignisse, die zu diesen Gefühlen gehören, liegen in der Vergangenheit.
- Wir selbst verantworten unsere Lebensqualität: Deine alten, negativen Programmierungen wirst du, wenn du sie nicht änderst, in eine »vorhersehbare« Zukunft mitnehmen, weil dein Gehirn und dein Körper nichts anderes kennen. Also greifen sie auf das Material aus der Vergangenheit zurück und reproduzieren die gleiche Geschichte.
- Unsere Persönlichkeit ist veränderbar: Wenn du dein neues Selbst in der Zukunft mit der klaren Intention erschaffst, wer du sein wirst, was du erreichen und wie du dich fühlen wirst, dann speichert dein Gehirn diese neuen Persönlich-

keitsanteile, und du kannst sie in der Gegenwart leben. Es lohnt sich daher, die Gedanken und Gefühle von Freude, Wertschätzung, Dankbarkeit, Geduld, Hingabe, Gelassenheit, Erfolg und so weiter zu verstärken, denn sie unterstützen Veränderung.

- So tun, als ob das Gewünschte schon erreicht wäre, macht Sinn: Unser Gehirn fragt nicht danach, ob diese Gedanken und Gefühle in der Gegenwart schon Realität sind, es nimmt das Material, das wir ihm zur Verfügung stellen, und zeichnet es auf.

- Schon Erreichtes geht wieder verloren, wenn wir es nicht pflegen: Alles, was du nicht häufig wiederholst, verschwindet wieder aus deinem Leben, weil dein Gehirn es nicht für wichtig genug hält, um es zu speichern.

- Unser Gehirn lernt nur durch Verbundenheit. Selbstliebe ist die stärkste Kraft, die wir zur Verfügung haben, wenn wir uns verändern wollen: Wenn du unsicher bist, ob ein Gedanke oder ein Gefühl dir guttut, frag dich einfach: »Liebe ich mich selbst, wenn ich das tue?«

Vertraute Sätze, vertraute Inhalte. Dennoch habe ich die Empfehlungen aus Dr. Joe Dispenzas Vortrag in meinen eigenen Worten aufgeschrieben, weil mein Gehirn durch Aufschreiben am besten lernt. Am Abend war ich so begeistert von meiner Liste, dass ich mir meine Gesundheit auf allen Ebenen plötzlich ganz leicht vorstellte.

Am nächsten Tag stehe ich mit meinen schönen weißen Schuhen am Bahnsteig in meinem kleinen Dorf und versuche, mich noch schnell mit einem Blick auf den See gut auszurichten, weil ich zu spät aufgestanden bin, und pünktlich bei meinem Workshop in Wien sein möchte.

Neben mir wartet eine Frau ebenfalls auf den Zug, als plötzlich aus heiterem Himmel ein Regenguss niederprasselt. »Das hat der Wetterbericht vorhergesagt«, sagt sie, schaut auf meine weißen Wildlederschuhe, spannt einen Schirm auf und lädt mich ein, mich bei ihr unterzustellen. In der Bahn regen sich einige Passagiere über den Regen auf, und meine neue Bekanntschaft sagt: »Man kann das nicht ändern, aber man kann wenigstens darüber jammern.« Ich schmunzle und mache mir eine innere Notiz, dass das ein wenig konstruktiver Glaubenssatz ist.

Wir kommen in Wien an, ich steige in die U-Bahn um, in der Hand eine Gratiszeitung, und spüre einen Augenblick mein schlechtes Gewissen, weil ich mich eigentlich still hinsetzen und ausrichten wollte. Kurz danach, beim nächsten Umsteigen, fragt mich eine Touristin, in welche Richtung sie fahren soll, wenn sie zum Stephansplatz will. Ich erkläre es ihr, steige mit ihr in die U-Bahn und vertiefe mich in die politische Berichterstattung.

Immer noch richte ich mich nicht auf den Tag aus. Ich entschuldige mich damit, dass ich mich informieren muss, wie die Zukunft unseres Landes weitergeht. Es dauert eine Viertelstunde, bis ich merke, dass ich in die falsche Richtung fahre. Jetzt bin ich im Stress. Ich steige aus, nehme die U-Bahn in die andere Richtung, renne zur Konferenzhalle, reihe mich in den Zug der Lemminge von anderen Zuspätkommenden ein, die, so wie ich, auf die Toilette zusteuern. Mein Adrenalinspiegel steigt noch etwas an, als ich die Warteschlange sehe und weiß, dass ich wahrscheinlich zu spät kommen werde. Und das ist ganz schlecht, weil die Türen vor jeder Meditation geschlossen werden. Während ich warte, habe ich Zeit, mich bei meinem Körper zu entschuldigen, dass ich ihn mit Stresshormonen überschwemmt habe.

So viel also zu meinem neuen Leben, das schon an diesem

Morgen hätte beginnen sollen. Dr. Joe schien genau mich zu meinen, als er seinen Vortrag mit dem Statement begann: »Unser Gehirn will diese neuen Spuren und Veränderungen nicht. Das könnte gefährlich sein, und es liebt die Sicherheit. Also sagt es: Ach komm, lass uns morgen damit beginnen.«

Doch wenn wir dieser Einladung folgen, kehren wir zurück in unser Hamsterrad, denn fünfundneunzig Prozent unserer täglichen Handlungen sind unbewusst. Er zeichnete auf seinem Flipchart einen Kreis, schreibt in die Mitte »Innere Welt« und erklärt: »Es ist Zeit, dass wir ein ›Niemand‹ werden und uns von den alten Konditionierungen befreien.« Die Pfeile, die vom Kreis meines »Ich« nach außen gehen, sind beliebig ergänzbar: Partner, Kinder, Eltern, Chef, Freunde, Feinde, Supermarkt, Ernährung, E-Mails, Facebook, Instagram, Sport, Auto, Haus, Urlaubsplanung… Dorthin richten wir unsere Aufmerksamkeit, unsere Gehirnnetzwerke sind intensiv beschäftigt und schaffen ständig neue Verbindungen. Doch was bleibt? Unsere körperliche, geistige und seelische Gesundheit wird zum Nebenaspekt. Wir richten einen Großteil unserer Energie nach außen und wundern uns dann, dass wir zum Spielball unserer Gedanken und Gefühle werden.

Mein Unbewusstes liebt solche Stichworte. Und damit auch mir noch einmal klar wird, wie zäh meine alten Muster sind und wie sehr sie meinen Körper belasten, schickt es mir gleich eine Sitcom über mein eigenes Leben, bei der ich in der ersten Reihe zusehen kann:

Marietta ist meine Freundin und Seelenschwester. Wir haben den Workshop schon vor längerer Zeit als kostbare, gemeinsame Zeit für uns geplant. In der Mittagspause stellt sie mir plötzlich eine Freundin und Kollegin vor und kündigt an, dass Alexandra sich uns anschließen wird, weil sie alleine hier ist. Das Theaterstück beginnt. Eine Faust haut mir in den Magen, der Zorn brennt heiß durch meine Eingeweide, und knapp darunter sitzen die Tränen, die ich gerade noch zurückhalten kann. Am Rande meines Bewusstseins steht meine Beobachterin und sagt: »Ah, genauso schadest du deiner Gesundheit. Du mutest deinem Körper all diese alten Gefühle zu.«

Das ist mir in diesem Moment egal. Für einen Augenblick bin ich wieder das kleine Mädchen, das nie auf Mutters Schoß sitzen konnte, weil es so viele andere Geschwister gab. Es weint, stampft auf und schreit: »Ich will dich nicht teilen, ich komme immer zu kurz.«

Marietta kennt mich gut. Sie legt den Arm um mich und nimmt mich zur Seite. Ich kann ihr sagen, dass mich ihre Entscheidung, in die ich nicht einbezogen war, trifft. Sie versteht mich, ich tröste meine kleine Renate und kehre in meine großzügige, gelassene Version zurück, die weiß, dass die Fülle in jedem Augenblick für mich da ist. Ich entschuldige mich bei meinem Körper für den Überfall und weiß, dass genau hier mein Entwicklungspotenzial für ein gesundes Leben liegt.

Dr. Joe nennt diesen Prozess der bewussten Veränderung »The state of elevated feelings«. Dieser Zustand der erhöhten Gefühle tut mir gut, wobei ich das englische Wort schöner finde, weil es mich an »Elevator«, das Wort für Lift, erinnert und ich mir bildlich vorstelle, dass ich soeben mit dem Aufzug in ein Stockwerk mit besserer Luft und Aussicht gefahren bin.

Am dritten Workshoptag bleibt der Satz bei mir hängen: »To form a new memory, you have to wire and fire.« Ich stelle mir bildlich vor, wie mein Gehirn unter meiner Anleitung neue, positive Erinnerungen aufbaut, die ich in meinem »Museum der guten Momente meines Lebens« aufbewahren werde. Doch als Dr. Joe vorschlägt, dass wir das mit einem Glaubenssatz, den wir umformatieren, ausprobieren können, fällt mir spontan keiner mehr ein.

Bei der Ankündigung, dass es vorher eine geführte Meditation geben wird, werde ich plötzlich total unruhig, finde den Workshop mühsam und muss unbedingt an die frische Luft. Marietta will mich zurückhalten: »Willst du wirklich jetzt gehen?« Ich will nicht nur, ich muss. Mein Drang ist so stark, dass es mich nicht einmal stört, dass ich die Einzige bin, die den Saal unter verwunderten Blicken verlässt.

Dann sitze ich in der Sonne auf einer Parkbank und freue mich mit einem fast wilden Gefühl über meine Freiheit. Das kenne ich von meiner »Widerständlerin« und kann es kurzfristig richtig genießen. Doch mit der Zeit, inzwischen ist mehr als eine Stunde vergangen, fühle ich mich einsam und ausgeschlossen. Die Tatsache, dass ich mich selber ausgeschlossen habe, macht meine Lage nicht besser. Außerdem spüre ich in meinem Bauch einen harten Knödel, ein altes Signal, dass ich etwas falsch gemacht habe. Als nach zwei Stunden entspannte Menschen mit verklärten Gesichtern aus dem Workshop strömen, gehöre ich schon nicht mehr dazu und möchte am liebsten flüchten.

Dr. Joe würde jetzt sagen: »This is all old stuff.« Das ist alles altes Zeug. Ich kehre in meine »Genieverfassung« zurück und analysiere mein neuestes Theaterstück.

Ich bin also aus dem Raum geflüchtet und habe den Wunsch meines Stammhirns erfüllt, das nur drei Alternativen kennt: Fight, flight, freeze – kämpfen, flüchten, erstarren.

Was mich etwas ratlos zurücklässt, ist die Frage, warum. Mir fällt ein, dass ich noch nie etwas mit geführten Meditationen anfangen konnte. Entweder bin ich schnell abgebogen oder habe mich so weit weggebeamt, dass ich gar nicht wirklich dabei war. Ich kann mich mit mir allein an meine Schöpferinnenkraft anschließen, aber dazu brauche ich den Wald, das Wasser und die Bäume oder zumindest die Vorstellung davon.

Während ich noch immer versuche, meine unlogische Flucht vor der Meditation zu verstehen, kommt Bettina aus Hamburg vorbei, mit der ich gestern beim Abendessen wunderbare Gespräche hatte. Sie ist Reinkarnationstherapeutin und kann Dinge sehen, die jenseits des Schleiers unserer Wahrnehmung sind. Ich bitte sie um Hilfe. Wir finden gemeinsam heraus, dass ich Angst vor der Versenkung in mich habe, weil ich in einem früheren Leben in Tibet während einer Meditation umgebracht wurde.

Mein Körper reagiert mit einer Gänsehaut, und ich weiß, dass es stimmt.

Nach der Mittagspause machen wir uns bereit, einen negativen Glaubenssatz zu verändern. »Ich kann nicht meditieren«, sage ich und bin selbst am meisten davon überrascht, weil mir das bis heute noch nicht aufgefallen war.

Am Ende meiner Reise durch meinen Körper hinauf zu meiner Schöpferinnenkraft, nehme ich meine Augenmaske ab und strahle meine Freundin Marietta an: »Ich kann jetzt meditieren!«

Es ist riskant, wenn wir unsere alte Persönlichkeit verändern, weil sich auch unser Leben verändern wird. Und wir müssen damit rechnen, dass unser eigener Widerstand, unsere bequeme Welt der Beschränkungen zu verlassen, uns am meisten zu schaffen macht. Wir werden vielleicht Freunde verlieren, die unseren Weg nicht verstehen, wir werden aber auch neue gewinnen. Wir werden alte, vertraute Gewohnheiten aufgeben müssen, weil sie nicht mehr zu uns passen. Wir werden manchmal Angst haben, weil das neue Unbekannte noch so fremd ist.

Und – wir werden uns nicht aufhalten lassen, wenn wir den Satz: »Ich bin ein Genie in diesem Universum«, den uns Dr. Joe auf den Weg mitgibt, ernst nehmen.

Bücher, die ich empfehle:

- Edith Gloor: Holy Shit. Meine Weltreise von der Querschnittlähmung zum Aufrechten Gang, München 2015
- Dr. Joe Dispenza: Du bist das Placebo. Bewusstsein wird Materie, Burgrain 2014
- Dr. Joe Dispenza: Ein neues Ich. Wie Sie Ihre gewohnte Persönlichkeit in vier Wochen wandeln können, Burgrain 2012

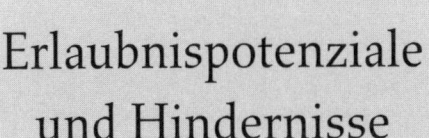

Erlaubnispotenziale
und Hindernisse

Die Geschichte vom Camper 5

Carl kommt von einem anstrengenden Seminartag zurück, und ich werde ihn nicht mit meinen Erlebnissen auf der Messe überfallen. In den Jahren unserer Ehe habe ich gelernt, dass nichts schlimmer ist, als einen Mann negativ zu überraschen, wenn er müde ist. Doch kaum sitzen wir bei einem Glas Wein zusammen, fragt er nach, wie mein Tag war.

»Ich habe einen Camper gefunden, der mir gefällt«, fange ich mit der Vorstufe zu dem an, was ich seit heute weiß, nämlich, dass ich mir tatsächlich einen kaufen will. »Er sieht innen genau so aus, wie ich es mir vorstelle, und das Messemodell ist zu kaufen.« Carl bekommt jetzt diesen aufmerksamen, angespannten Blick, den ich an ihm kenne, wenn er eine Überraschung von mir befürchtet. »Der Verkäufer hat mir ein gutes Angebot gemacht, aber ich wollte keine Entscheidung ohne dich treffen.«

Ich spüre, mehr als ich es sehen kann, dass er sich entspannt: »Das rührt mich«, sagt er. Nicht mehr und nicht weniger, und ich weiß wieder einmal, warum ich ihn so liebe.

Bilder aus unserer Vergangenheit tauchen auf: Wir waren schon verheiratet, hatten aber bisher nicht zusammengelebt, weil wir der Meinung waren, dass zwei so starke Individualisten in unserem Alter besser ihre eigene Wohnung behalten sollten. Wir sind dann doch trotz aller Bedenken zusammengezogen. Und plötzlich erinnerte mich der Mann, den ich liebe, an meinen Vater und weckte die Rebellin in mir. Als Jugendliche war ich nach Paris abgehauen, jetzt ging ich in meiner Mittagspause in ein Autohaus und leaste mir einen silbergrauen Sportwagen mit zweihundertfünfzig PS und einem Kofferraum, der nicht größer war als ein Handschuhfach. Ich sah mich schon mit wehendem Haar und lauter Musik durchs Land fahren und spürte die Freiheit in mir.

»Wie war dein Tag?«, hatte mich Carl damals am Abend gefragt, und ich erzählte ganz nebenbei, dass ich ein neues Auto habe. Nicht erzählt habe ich, dass ich vergessen hatte, Probe zu fahren. Ich war in der Vorführhalle des Autohauses eingestiegen, nach fünf Minuten wieder ausgestiegen und hatte den Leasingvertrag unterzeichnet.

Der Mann, den ich liebe, bekam diesen aufmerksamen, angespannten Gesichtsausdruck und fragte misstrauisch: »Und welche Marke?«

Nach meiner Antwort hing der Haussegen schief, und ich kann mich noch heute an seinen Satz erinnern: »Und wo sollen der Hund und ich sitzen?«

An meine Familie hatte ich nicht gedacht. Und auch später konnte ich nicht zugeben, dass dieser »Bolide« eine Fehlentscheidung war, wohl auch aus Widerstand, pflegte doch mein Vater immer zu sagen: »Leute mit teuren Autos sind Angeber.«

Auch nicht, als ich bei meiner Lehrveranstaltung für Outdoorpädagogen den Bauernhof, in dem das Training stattfand, fast nicht erreichen konnte, weil mein Auto so tief lag, dass der Unterboden an der Grasnarbe des Feldwegs scheuerte. Dass meine Freundin Elke das Schmuckstück »Hurenschleuder« nannte, was offenbar das Gegenstück von »Zuhälterauto« sein sollte, fand ich unfair.

Carls Stimme bringt mich in die Gegenwart und zu meinem Camper zurück: »Ist es ein Benziner oder ein Diesel?«

»Keine Ahnung«, sage ich, und dann fällt mir auf, dass ich mich nicht einmal auf den Fahrersitz in meinem vielleicht zukünftigen Camper gesetzt habe, weil ich so mit der Innenausstattung beschäftigt war. »Das werde ich nachholen«, sagte ich, »wenn ich am Samstag zur Hausmesse beim Verkäufer fahre, hoffentlich mit dir.«

»Da müssen wir uns vorher über Grundsätzliches unterhalten«, sagt Carl, und ich merke, dass ich wieder dieses flaue Gefühl aus meiner Kindheit bekomme. Es wird wirklich höchste Zeit, dass ich meine Vatergeschichte, von der ich dachte, dass sie längst erledigt sei, noch einmal kläre und vor allem meinen Lebensmenschen davon entlaste.

Am nächsten Tag kommt der Absturz, und meine Camper-Euphorie fliegt davon. Zuerst erfahre ich, dass meine Tante Riki im Sterben liegt. Sie ist die älteste noch lebende Frau aus der Generation vor mir und mit ihren sechsundachtzig Jahren bis zu ihrer schweren Erkrankung immer gesund gewesen. Die Lücke, die sie hinterlassen wird, ist schmerzhaft. Sie hat mir mein ganzes Leben lang zum Geburtstag gratuliert, mich als Kind mit ihrer Lebenslust und Warmherzigkeit begeistert und mir immer das Gefühl gegeben, dass sie mich sehr mag. Nun gibt es bald keine Frau mehr vor mir. Als Nächstes werden wir, die nächste Generation, den Weg in die andere Welt gehen.

Dann kommt das Grundsatzgespräch mit Carl, und damit ist mein Herzenswunsch Vergangenheit: Es wird keine gemeinsamen Reisen im Camper geben. Der Mann, den ich liebe, will nicht, auch nicht, wenn es den Luxus einer Dusche und einer Toilette gibt. Dass wir außerdem unsere Einfahrt vergrößern müssen, wenn ich meine Idee umsetze, ist nur noch ein unglückliches Detail am Rand.

Ich bin so deprimiert, dass ich sofort rund um den See gehen muss, damit sich meine Stimmung wieder stabilisiert.

Was ist jetzt mit meinem klugen Satz: »Der Gedanke an den Tod ist ein guter Ratgeber für ein glückliches Leben«? Wenn ich in einem Jahr sterben müsste, möchte ich die verbleibende Zeit mit meiner Familie verbringen. Aber was, wenn ein wichtiges Mitglied meiner Familie meine Träume nicht teilt? Verzichte ich dann auf meinen Traum? Und tut das der Beziehung gut?

In meinem Inneren ist es zappenduster. Meine sonst oft so gesprächige Intuition schweigt und überlässt mich meinem Unglück.

In dieser Stimmung kommt mir eine lächelnde junge Frau entgegen. Irene lebt im Dorf, und wir freuen uns immer, wenn wir einander begegnen.

»Du siehst grummelig aus«, sagt sie, und ich erzähle ihr von meinem Camper. »Bei uns um die Ecke hat sich ein Ehepaar gerade so etwas gekauft, klingle doch einfach bei ihnen, sie sind sehr nett.«

Ich mag Fügungen. Sie kommen immer zur rechten Zeit und zeigen mir den nächsten Schritt. Nach vier Stunden Kompaktinformation bei den passionierten Camper-Besitzern Mitzi und Günther weiß ich genau, worauf ich bei einem Kauf achten muss und wie es sich zwei Monate lang in Finnland oder Schweden in einem fahrenden Wohn-/Schlafzimmer mit Küche und Bad lebt.

Ich gehe beschwingt davon und kenne jetzt meinen nächsten Schritt: Bevor ich eine Entscheidung treffe, muss ich mir zuerst einen Camper ausleihen und damit fahren.

Fortsetzung auf Seite 130

Frau-Sein, Mann-Sein

Ich bin noch in eine Zeit hineingeboren worden, in der Männer grundsätzlich wichtiger waren als Frauen. Das fing damit an, dass spätestens beim zweiten Kind ein »Stammhalter« erwartet wurde, und wenn es dann »nur« ein Mädchen« wurde, hieß es tröstend: »Hauptsache, gesund!« Studiert haben meistens die Buben, besonders wenn das Geld knapp war, und eine Haushaltsschule galt für Mädchen als ausreichende Vorbereitung für eine glückliche Zukunft als Ehefrau.

Der Vater war nicht nur in meiner Familie, sondern in jeder anderen, die ich kannte, das unangefochtene »Oberhaupt«. Er hatte das letzte Wort, und wichtige Entscheidungen wurden meist mit den Söhnen besprochen, auch dann, wenn die Töchter älter waren als sie. Besitz, der nicht teilbar war, wie zum Beispiel ein Bauernhof, wurde an den ältesten Sohn übergeben, die Töchter gingen meist leer aus und durften allenfalls mitarbeiten.

Auch das »Balzverhalten« folgte damals klaren Regeln. Die Mädchen warteten, bis sie nach der Maiandacht, die weniger der Anbetung der Muttergottes, sondern mehr der Anbahnung diente, von den Burschen angesprochen wurden. Diejenigen unter uns, die den Mut hatten, selber einen Flirt zu starten, galten als unanständig und anrüchig. Ein uneheliches Kind war eine Schande, ein Ehemann galt als wichtiger »Ausweis« für ein erfolgreiches Leben. Und arm waren nur jene Frauen, die nicht

»unter die Haube« kamen. Sie wurden als »alte Jungfern« abgestempelt und mussten mit dem Makel leben, dass sie »keinen abbekommen« hatten.

Meine Jugend, in der ich das so erlebt habe, ist erst fünfzig Jahre her, und natürlich hat sich seither vieles verändert.

Aber ich frage mich, ob wir diese Vergangenheit und die vielen Jahrtausende davor, die uns als Frauen und Männer geprägt haben, wirklich schon ganz hinter uns gelassen haben. Ob wir die breiten Autobahnen in unserem Gehirn, dass Männer mehr wert sind als Frauen, wirklich schon ganz zu schmalen Feldwegen, die wir nur noch selten betreten, schrumpfen lassen konnten.

Der Raum der Erlaubnis steht uns jetzt allen offen. Wir können ihn betreten und uns selber und einander von Rollen entlasten, die uns viel gekostet haben. Und dennoch: Die alten, tradierten Muster sind zäh und holen uns auch immer wieder ein.

Wir kommen aus einer Geschichte, die unterschiedlicher nicht sein könnte. Während die Männer jagten, waren die Frauen für die Gemeinschaft und die Sicherheit der Kinder zuständig. Während die Männer Kontinente eroberten und Eisenbahnen bauten, hüteten die Frauen Heim und Herd. Während Männer andere Männer wählten, die Politik machten, mussten die Frauen sich ihr Wahlrecht mit blutigen Auseinandersetzungen und Hungerstreiks erkämpfen.

Während die Männer studierten, waren die Universitäten für die meisten Frauen bis zum Anfang des 20. Jahrhunderts mit der Begründung verschlossen, dass sie ein kleines Gehirn und daher geringe Fähigkeiten hätten. Während die Männer Karriere machten und das Geld heranschafften, war es den Frauen vorbehalten, sich ihnen zu fügen, den Haushalt zu führen und Kinder zu gebären.

In Deutschland hatte der Ehemann bis 1958 das alleinige Bestimmungsrecht über Frau und Kinder. Selbst wenn er seiner Frau erlaubte zu arbeiten, verwaltete er ihren Lohn, und für die Eröffnung eines Bankkontos brauchte sie bis 1962 seine Zustimmung. In Österreich war die Lage nicht besser, und wenn Frauen arbeiten wollten, waren sie bis 1975 auf die Zustimmung ihres Mannes angewiesen, in Deutschland zwei Jahre länger.

Diese starken Unterschiede, die den weiblichen und den männlichen Wert definierten, sind in unserem Kulturkreis vor allem durch das Engagement der Frauenbewegung gesetzlich aufgehoben worden. Wir sind inzwischen gleichberechtigt, aber noch lange nicht gleichgestellt.

Die Zeit, in der die Frauen den Männern untertan waren, ist in der Geschichte unserer Entwicklung erst einen Wimpernschlag her. Die Strukturen, in denen wir leben, sind noch immer männlich geprägt und wohl auch bei vielen von uns in unserem Gehirn noch nicht ganz gelöscht. Wobei sich ältere Generationen, die ein stark patriarchalisches Weltbild noch selbst erlebt haben, deutlich schwerer damit tun.

Andererseits scheinen manche junge Frauen vergessen zu haben, dass sie den »Suffragetten« – so nannten sich die Kämpferinnen nach »suffrage«, die Wahlstimme, – und den »Emanzen« ihre Freiheit verdanken. Beide Worte sind im Lauf der Geschichte abgewertet worden. Meistens von Männern, die das gleiche Recht der Frauen nicht akzeptieren wollten.

Wenn wir eine gemeinsame, gute Zukunft haben wollen, empfiehlt es sich dennoch, nicht die Unterschiede, sondern das Verbindende zwischen uns zu betonen. Das kann nur glücken, wenn wir uns auf Augenhöhe begegnen. Wenn wir innerlich und äußerlich den Erlaubnisraum öffnen, uns gegenseitig als ebenbürtig zu erkennen, und wenn wir Gesellschaftsformen entwickeln, die eine echte Gleichstellung möglich machen. Im

Hinblick auf die Tatsache, dass immer mehr Menschen aus Kulturkreisen zu uns kommen, in denen Männer- und Frauenrollen noch sehr weit weg von Gleichberechtigung sind, ist es umso wichtiger, dass wir Vorbild für sie sind.

Wir Frauen und Männer sind gemeinsam aufgerufen, uns so zu verändern, dass wir unsere alten Prägungen immer mehr verlassen und gleichzeitig unsere einmalige Identität, unseren Wesenskern erhalten und fördern. Denn nur so kann unser Zusammenleben wirklich gut gelingen, können wir Verständnis füreinander entwickeln.

Frau-Sein

Als Krönung seiner Schöpfung erschuf Gott Mann und Frau. Er formte sie aus der gleichen Erde, blies ihnen den Lebensatem ein und machte keinen Unterschied. Sie waren einander gleichgestellt, doch Adam wollte das nicht akzeptieren. Er verlangte von Lilith, dass sie sich unterordne. Sie weigerte sich, lachte und flog davon. Dieser Wunsch nach Freiheit und Gleichberechtigung hat Liliths Ruf nachhaltig ruiniert. Sie ging als Dämonin in die Mythologie ein, wird in den meisten religiösen Schriften nicht erwähnt und findet meist nur als Symbolfigur für Emanzipation ihren verdienten Platz.

Eva, die brave Frau, wurde von einem als Mann dargestellten Gott aus der Rippe von Adam geformt und war ihm damit untertan.

Und wer sind wir Frauen heute, die wir in unserer Kultur nach dem Gesetz gleichberechtigt sind? Warten wir noch immer darauf, dass man(n) uns Rechte gibt, oder stehen wir für uns selber ein?

Die Frage scheint an der Oberfläche beantwortet. Wir leben

frei, wir arbeiten, wir machen Karriere, wir bekommen nebenbei oder hauptberuflich Kinder. Ganz wie wir wollen.

Doch die Fallen warten nicht nur in gesellschaftlichen Strukturen die uns benachteiligen, sondern auch in unserem Inneren. Wie frei fühle ich mich wirklich? Weiß mein Gehirn und
jede einzelne meiner Zellen, dass ich mir heute erlauben kann,
genauso wichtig, genauso wertvoll, genauso machtvoll zu sein
wie ein Mann?

Und bin ich wirklich tief in meinem Inneren froh, eine Frau
zu sein? Würde ich selbst dann nicht tauschen, wenn ich es
könnte?

Es sind keine lauten Stimmen, die sich dann in uns melden.
Es sind leise, alte, vertraute Stimmen, die auftauchen könnten.
Wie haben das meine Mutter, meine Großmutter, meine Ur-
großmutter gemacht? Kann ich ihre Stärke mitnehmen und ihre
Ohnmacht der fehlenden Selbstbestimmung zurücklassen?

Wenn das in unserem Inneren geklärt ist, dann gibt es draußen noch immer genug Ungerechtigkeiten. Zum Beispiel die
Tatsache, dass unsere Macht und Kraft, Leben weiterzugeben,
meistens unserer Karriere schadet, weil es noch immer keine
Modelle von gleichberechtigter Elternarbeit gibt. Dann gibt
es noch immer die Schere der ungleichen Bezahlung und dass
Frauen in den Machtzentren an einer Hand abzuzählen sind.
Dann sind wir noch immer mit der alten Gewohnheit beschäf-
tigt, dass ein schöner Körper unseren Wert und unser Ablauf-
datum als attraktive Frauen mitbestimmt. Während es in der
Literatur den schönen Greis schon immer gab, ist die »schöne
Alte« eine Ausnahmeerscheinung.

Wir Frauen stellen mehr als fünfzig Prozent der Bevölke-
rung. Um in Zukunft mehr zu bewegen, sollten wir in Männern
Verbündete, nicht Gegner sehen. Für uns Frauen geht es nicht
darum, Männern ähnlich zu werden oder gar besser zu sein als

sie. Wir sind aufgerufen, uns unsere starke Frauenkraft zu erlauben und mit unserer ganzen Frauenweisheit unseren Platz einzunehmen, Seite an Seite mit den Männern. Das bedingt für uns alle, Frauen wie Männern, den Abschied von bequemen, alten Gewohnheiten, die in unserem Gehirn durch alte Gedanken und Gefühle gespeichert sind.

Mann-Sein

Adam war stark, er wusste, dass Eva aus seiner Rippe erschaffen worden war, und das gab ihm Macht. Aber auch Verpflichtung. Sie wanderten nicht Hand in Hand durchs Paradies, sondern Adam führte Eva an seiner Hand. Sie war ihm untertan, und er sorgte für sie. Dennoch aß er den Apfel, den sie ihm reichte, ohne nachzudenken, und wurde mit ihr aus dem Paradies vertrieben. So erzählt es die geläufige Version der Schöpfungsgeschichte.

Auch Männer leben also nicht mehr im Paradies, sie haben nur andere Lasten zu tragen. Jahrtausende lang waren sie dafür verantwortlich, für ihre Frauen und Kinder zu sorgen, und daran gewöhnt, dass Gefühle mit Schwäche gleichzusetzen und damit verboten sind.

Und nun sind diese Frauen, die ihre Untertanen waren, seit einigen Jahrzehnten bei uns – zumindest vor dem Gesetz – gleichberechtigt und fordern ihren Platz ein. Doch was ist dann der neue Erlaubnisraum für die Männer? Alles, was Jahrtausende lang galt, verliert seinen Wert. Auch sie müssen eine neue Rolle finden!

Goethe hatte es noch einfach. Er schrieb in seinem Drama *Egmont*: »Welch Glück sondergleichen, ein Mannsbild zu sein.« Dem haben wahrscheinlich die meisten seiner Zeitgenossen zugestimmt. Friedrich Nietzsche fand ein paar Generationen später nichts dabei, in seinem Essay »Jenseits von Gut und Böse« die Empfehlung abzugeben: »Der Mann muss das Weib als Besitz, als verschließbares Eigentum auffassen.«

Seither hat die Begeisterung, ein Mann zu sein, ziemlich nachgelassen. Vor ein paar Jahren fragte ein Meinungsforschungsinstitut in Berlin einige Tausend Berlinerinnen und Berliner, ob sie stolz auf ihr jeweiliges Geschlecht seien. Ein Großteil der Frauen hat das bejaht, aber nur ein kleiner Prozentsatz der Männer.

Nicht nur Frauen müssen sich entwickeln, es geht den Männern genauso. Vieles von dem, was früher erlaubt war, ist heute verpönt und das, was verboten war, ist erlaubt. Oder vielleicht sogar aus Frauensicht Pflicht.

Männer sollen jetzt plötzlich empathisch und verletzlich sein, sie sollen über ihre Gefühle reden, ihre Tränen zeigen, sich zur Hälfte an der Hausarbeit beteiligen und gemeinsam mit ihren Frauen die Kinder großziehen.

Gleichzeitig sind die Signale, die Frauen aussenden, nicht ohne Ambivalenz. Ihr Urinstinkt ruft noch immer nach einem starken Mann, nach einem, der sie beschützt, einem der gutes Geld verdient und erfolgreich ist. Gleichzeitig soll er alles haben, wonach Frau sich sehnt – soll ihre Gedanken lesen können und zärtlich sein.

Auch die Werbung und das Marketing haben den bisher als »Naturprodukt« akzeptierten Mann entdeckt. Vorbei der Ausspruch der Tante Jolesch, der Friedrich Torberg den schönen Satz in den Mund legt: »Was ein Mann schöner is wie ein Aff, is ein Luxus.« Nun sollen Körperhaare weg, Duftwässer her und ein Körper entwickelt werden, der dem Schönheitsideal des »neuen Mannes« entspricht.

Ein »Leben auf der Streckbank« und eine Rollenüberfrachtung für den »neuen Mann«, befürchtet der Journalist Daniel Erk in der »Zeit-Online«. Grundsätzlich sei der Frust und auch das Bedürfnis der Frauen nach Rache über eine zweitausend Jahre lange Unterdrückung nachvollziehbar, aber kontraproduktiv. Denn wenn es nicht nur um einen Machtkampf, sondern um ein politisches Projekt geht, dann müssen »die Tritte aufhören«. Man könne vom Mann nicht erwarten, dass er immer sensibler und weicher wird und andererseits immer mehr Gehässigkeiten stoisch aushalten soll.

Die Vorteile des »neuen Mannes«, bei dem es zwar um den Verlust von Macht, aber dafür auch um eine ausgeglichene Balance von Verantwortlichkeit gehen könnte, sind noch nicht für alle Männer klar sichtbar und spürbar. Der Vorteil, Gefühle zeigen und leben zu dürfen, anstatt eine Überlast an Stärke und Tapferkeit mit sich herumzuschleppen, ist vielen noch nicht vertraut. Es könnte durchaus auch Spaß machen und entlastend sein, gemeinsam und gleichberechtigt mit Frauen die Welt zu gestalten.

Wir dürfen uns alle verändern. Frauen und Männer gleichermaßen. Denn diese Revolution, dass wir uns zum ersten Mal in der Geschichte auch per Gesetz auf Augenhöhe begegnen, fordert von uns allen, dass wir uns weiterentwickeln. Uns alle erwarten große Räume der Erlaubnis, die wir gemeinsam betreten können. Wenn wir die besten Eigenschaften, die wir zur Verfügung haben, miteinander teilen und voneinander lernen, dann können tatsächlich der »neue Mann« und »die neue Frau« entstehen. Unser Gehirn tut sich aus alter Gewohnheit noch schwer damit, diesen großen Schritt zu machen. Und weil unser Gehirn leichter mit Empathie lernt, sollten wir Frauen und Männer uns gegenseitig in unseren Entwicklungsprozessen unterstützen und einander freundlich begegnen.

Empfehlungen

- Beobachten Sie sich, ohne zu urteilen. Wo habe ich ein typisches »Frauen-« oder »Männerverhalten«? Meistens können wir das gut bei der Aufteilung der Hausarbeit, der Kinderbetreuung, beim »Balzverhalten«, bei der Verteilung von Verantwortlichkeit, beim eigenen Auftreten in der Öffentlichkeit analysieren.
- Wenn Sie das, was Sie herausfinden, mögen, stärken Sie es. Es sei denn, es geht auf Kosten anderer.
- Wenn Sie merken, dass Ihre Gedanken, Haltungen und Handlungen an manchen Stellen typisch weiblich oder typisch männlich sind, trauen Sie sich, probeweise Neuland zu betreten. Es könnte eine überraschende Bereicherung sein.
- Finden Sie gleichgesinnte Frauen und Männer, die daran interessiert sind, mit Ihnen gemeinsam ein Forschungsprojekt zu starten.
- Verzagen Sie nicht, wenn Ihre Prägungen Ihnen immer wieder im Weg sind. Breite Autobahnen werden nicht in ein paar Tagen zu schmalen Feldwegen. Lesen Sie mehr dazu im Kapitel »Erlaubnis im Kopf«.
- Werten Sie das andere Geschlecht nicht ab. Wir werden die Welt nicht verändern, wenn wir mit dem Finger aufeinander zeigen. Bleiben Sie dennoch konsequent bei Ihren berechtigten Wünschen aneinander. Erfreuen Sie sich an den positiven Unterschieden zwischen Frau und Mann, und genießen Sie die vielen Möglichkeiten, die sich dadurch eröffnen, dass wir heute miteinander und nebeneinander auf Augenhöhe gehen können.

Die Geschichte vom Camper 6

Ich leide. An mir. Das ist leider meistens so, wenn ich leide. Denn das eine sind die Tatsachen und das andere ist, wie ich mit den Herausforderungen, die mir mein Leben bietet, umgehe. Und Tatsache ist heute, dass ich schon wieder Zweifel habe, ob ich nicht doch lieber einen kleinen, handlichen Bus kaufen soll. Dann entgehe ich den Schwierigkeiten, wo ich mit einem mehr als sechs Meter langen Auto parken kann, und muss mit Carl nicht über die Verbreiterung unserer Einfahrt verhandeln.

Gleichzeitig bin ich noch immer von dem Kastenwagen mit Küche und Bad angetan, dem ich auf der Messe begegnet bin. Eigentlich kein Problem, denn niemand sitzt mit der Peitsche hinter mir und treibt mich an, rasch eine Entscheidung zu treffen.

Leider habe ich diese entspannte Haltung nicht. Meine »schnelle Welle«, dieser Teil von mir, von dem ich schon dachte, er hätte sich an unseren neuen, meditativen Gang gewöhnt, quält mich mit Ungeduld. Sie will, dass wir noch vor dem Jahresende einen gültigen Kaufvertrag in der Tasche haben, sie will, dass spätestens im Frühsommer die erste Ausfahrt stattfinden soll, sie will mit dem Kopf durch die Wand.

Und außerdem sagt mein leistungsorientierter Anteil: Was sollen deine LeserInnen denken, wenn du Ende Mai dein Manuskript abgeben musst und niemand weiß, wie die Geschichte ausgeht? Ich kann doch nicht einfach durch Entscheidungsschwäche versagen und das auch noch dokumentieren!

Erlaubnispotenziale und Hindernisse

Und deswegen leide ich an mir. Ich kenne das gut, wenn diese alten Muster durchbrechen. Dann sind sie wie ein Gefängnis, in dem ich sitze und nicht weiß, dass ich selbst den Schlüssel für die Türe besitze. Mein Gehirn schaltet dann gnadenlos auf »Wir müssen etwas leisten!«. Und ich verfalle in den Aktionismus, den ich seit meiner Kindheit gewohnt bin. Das alles findet in mir statt, bevor ich überhaupt einen Camper ausprobiert habe und mitreden kann.

Es dauert eine Weile, bis meine innere Stimme mit der Nachricht daherkommt, dass mir etwas mehr Bewusstsein guttäte und dass ich meine automatisierten Muster liebevoll akzeptieren und dann verabschieden soll.

Ich mag meine innere Stimme, aber manchmal geht sie mir mit ihrem »Klugscheißen«, wie ich es dann ungehalten nenne, ganz schön auf die Nerven. Ja, ich bin auch erleuchtet, schimpfe ich vor mich hin und entschuldige mich bei meinem Magen für den Druck, dem ich ihn aussetze.

Wenn ich mein Bewusstsein suche, das sich im Gewühl meines Alltags und der erlernten Muster versteckt, dann finde ich es wieder, wenn ich in die Natur gehe. »Waldbaden«, nennen es die Japaner, und die Vorstellung, dass ich eintauche und mich im Wesen der Pflanzen und des Wassers erfrische, tut mir gut.

Es ist ein sonniger Oktobertag, die Blätter glänzen noch einmal golden und rostrot, bevor sie fallen, und der Wind raschelt leicht in den Bäumen. Ich schließe meine Augen und werde ganz ruhig. In diesem Moment fährt nicht weit vom anderen Ufer ein Zug vorbei. Sein Schall kommt, vom Wasser verstärkt, bei mir an und zerschneidet die Stille.

Der Satz taucht auf: »Und wenn es draußen laut ist, dann geh' in die Stille und vertraue der Führung, die aus deinem Inneren kommt.«

Es ist alles gut. Das spüre ich jetzt. Ich habe alle Zeit der Welt, eine Entscheidung zu treffen, die mir und damit meinem Leben und meinen Lieben guttut.

Fortsetzung auf Seite 152

Erlaubnispotenziale und Hindernisse

Die Eltern

Martina war so erzogen worden, dass gute Leistung und gutes Funktionieren ihr Leben bestimmten. Das war nützlich in ihrem Beruf als Projektmanagerin in einem Medizinbetrieb, und sie leitete mit kaum vierzig Jahren eine große Abteilung.

In meine Beratung war sie gekommen, weil sie unter starken Aggressionen gegen ihre Eltern litt, die sie sich kaum einzugestehen wagte. Erst als sie nahe an einem Burnout war, beschloss sie, sich Hilfe zu holen.

Die Geschichte, die sie mir erzählte, ist eine typische Frauengeschichte, denn es ging nicht um Überlastung in ihrem Job, sondern in der Pflege, bei der sich immer noch vor allem das weibliche Geschlecht angesprochen fühlt. Viele Jahrhunderte lang wurden Bahnen in unser Gehirn gelegt, die uns glauben machen, dass wir grundsätzlich für die Versorgung von kranken Familienmitgliedern verantwortlich sind.

Martinas Vater war, bevor ihn ein Schlaganfall an den Rollstuhl fesselte, ein mächtiger Mann, der als Bürgermeister seines Ortes die Fäden zog. Seine Hilflosigkeit konnte er schwer ertragen, und er wurde immer zynischer. Martinas Mutter war die klassische Hausfrau gewesen, zuständig für Kinder und Haushalt. Seit drei Jahren war sie dement, und böse Zungen im Ort behaupteten, dass sie auf diesem Weg ihre Ehe und die vielen Seitensprünge ihres Mannes vergessen wollte.

Als ihre Eltern pflegebedürftig wurden, war Martina klar,

dass sie die Situation zu managen hatte. Ihr Bruder Max lebte in Moskau, wo er für seinen Konzern eine Zweigstelle aufbaute. Die Frage, ob er zurückkehren könnte, damit die Geschwister sich gemeinsam um Mutter und Vater kümmern könnten, stellte sich gar nicht. Er war, wie Martina es nannte, »unabkömmlich«. Auf meine Frage, was denn nun sein Beitrag zur Situation sei, sagte Martina: »Er kommt alle drei Monate zu Besuch, und wenn dann gerade Sommer ist, mäht er den Rasen.«

Für alles andere sorgte Martina. Sie kümmerte sich um die beiden Pflegerinnen aus Slowenien, die sich abwechselten, und besuchte jedes zweite Wochenende ihre Eltern, die in Bayern leben. Fünf Stunden hin und fünf zurück. Unter der Woche regelte sie von Wien aus alles andere telefonisch. Wenn der Kühlschrank kaputt war, besorgte sie einen neuen, wenn es einen Wasserschaden gab, rief sie drei Mal den Installateur an, sie kümmerte sich um Überweisungen, Medikamente, Nachteinlagen und um Ersatz, wenn eine der Pflegerinnen krank war.

Worum sie sich gar nicht mehr kümmerte, war sie selber.

Ihren Freund sah sie nur selten, weil sie am Abend so erschöpft war, dass Ausgehen zur Belastung wurde, ihren Sport – sie war früher regelmäßig ins Fitnessstudio gegangen – hatte sie aufgegeben. Es gab nur noch zwei Hauptaufgaben in ihrem Leben: ihre Eltern und ihre Arbeit.

Und nun hatte sie zusätzlich mit ihrem schlechten Gewissen zu kämpfen, weil der Besuch bei den Eltern sie zunehmend aggressiv machte: »Als ich ein Kind war, ging es immer um Leistung, und nur dafür wurde ich geliebt. Und jetzt muss ich schon wieder leisten. Mein Vater schnauzt mich an, weil er unglücklich ist, meine Mutter lebt in ihrer eigenen Welt, ich kann sie kaum erreichen, und ich bin ihre Sachwalterin. Ich habe das Gefühl, dass ich schon mein ganzes Leben lang gebe und dass nie etwas zurückgekommen ist.«

Wenn unsere Eltern alt sind und uns brauchen, brechen oft frühe Wunden auf. Dann können wir vielleicht schwer akzeptieren, dass wir das, wonach wir uns als Kind gesehnt haben, jetzt nicht mehr bekommen können und unsere jüngere Version selber trösten müssen. Diese Umkehr ist nicht einfach und stellt uns vor die Aufgabe, unser eigenes Kindsein ein Stück zu verlassen.

Martina hat sich in der Rolle der »Pflegemanagerin« selbst aufgegeben und dadurch ihr Mitgefühl – für sich selbst und für ihre Eltern – verloren. Die vielen Lasten, die sie sich aufgebürdet hat, waren fatal für alle.

Als sie ihre intensive Betreuungstätigkeit reduzierte und bezahlte Hilfe dafür holte, die ihr abwesender Bruder finanzierte, ging es ihr sofort besser. Sie wurde von der überlasteten Versorgerin wieder zur Tochter, die ihre Eltern nur noch freiwillig und mit Mitgefühl besuchte. Und sie konnte erst jetzt erkennen, dass die Generation ihrer Eltern, die den Krieg erlebt hat, ihre Gefühle abschotten musste und für sie nur Aufbau und Leistung zählte.

Doch auch Eltern, die nicht pflegebedürftig sind, brauchen manchmal ein Stoppschild.

Michael ging fast vor die Hunde und ruinierte seine eigene Beziehung, bevor er sich von der emotionalen Erpressung durch seine Eltern befreien konnte.

Alles fing an wie im Bilderbuch. Seine Eltern liebten sich, Michael war ein erwünschtes Kind, die finanziellen Verhältnisse in Ordnung. »Die Liebe«, sagt man im Wiener Volksmund, »is a Vogerl«, und weil Michaels Eltern nicht wussten, dass eine langfristige Beziehung Arbeit ist, glaubten sie an diesen Spruch.

Der Vogel flog davon, und zurück blieben Bitterkeit und gegenseitige Schuldzuweisungen. Das Kind Michael war mittendrin in einem Stellungskampf, in dem keiner nachgeben wollte.

Als Michael sechzehn Jahre alt war, wollte seine Mutter sich endlich scheiden lassen und bat ihn, sie dabei zu unterstützen. Das kostete ihn die Beziehung zum Vater. Die Trennung fand dann doch nicht statt, weil seine Mutter sich vor dem Alleinsein fürchtete. Mit achtzehn wollte Michael ausziehen, aber seine Mutter flehte ihn an, sie nicht mit dem Vater allein zu lassen.

Als er zwanzig war, ging er trotzdem, und litt darunter, dass er jedes Wochenende nach Hause fahren musste, weil sein Vater inzwischen Krebs hatte und seine Eltern, die einander noch immer nicht ertragen konnten, ihn dringend als »Puffer« brauchten.

Das Ende seiner langen Reise als emotional missbrauchtes Kind war erst erreicht, als seine Frau – er hatte mit sechsundzwanzig Jahren geheiratet – sich von ihm trennen wollte, weil sie seine ständigen depressiven Zustände und seine Abhängigkeit von den Befindlichkeiten seiner Eltern nicht mehr ertragen konnte.

Michael, der inzwischen selber Vater geworden war, fand nach einer körperorientierten Psychotherapie eine bessere Beziehung zu seinen Eltern. Er kann sie heute so akzeptieren, wie sie sind, und lässt sich nicht mehr für deren Bedürfnisse einspannen.

Manche von uns brauchen einfach den Mut, das Wertegebäude ihrer Eltern zu zerstören, so wie auch Rebecca.

Es war der Geburtstag ihres Vaters. Rebecca rutschte unruhig auf ihrem Sessel hin und her. Sie wusste, dass sie Elena verraten hatte, und schämte sich dafür. Ihr Vater, ein frisch pensionierter Major der Bundeswehr, gerade 65 geworden, hielt vor erlesenen Gästen eine Rede auf die wunderbare Ehe mit seiner Frau. Ihre Eltern hatten sie, wie bei jedem Fest in den letzten Jahren, gefragt, ob sie nicht einen präsentablen jungen Mann mitbringen könne, der vielleicht das Entwicklungspotenzial zum Schwiegersohn hätte. Und wie jedes Mal hatte Rebecca nicht

Erlaubnispotenziale und Hindernisse

den Mut gefunden, ihnen zu sagen, dass sie ihren Lebensmenschen schon gefunden hatte.

Ein paar Wochen zuvor hatte sie sich mit Elena dafür entschieden, auch vor dem Gesetz eine Partnerschaft einzugehen und sich gemeinsam ein kleines Haus zu kaufen.

Jetzt nicht, dachte Rebecca, ich kann ihnen das Fest nicht verderben. Und gleichzeitig spürte sie, dass sie Elena vermisste und den Verrat an ihr nicht länger ertragen konnte.

»Kann ich über Nacht bleiben?«, fragte sie an diesem Abend ihre Mutter, die sich schon seit Jahren nach einem Enkelkind sehnte. »Ich möchte morgen gerne in Ruhe mit euch reden.«

Der nächste Tag war für Rebecca schlimmer als jede Prüfung während ihres Studiums. Ihre Eltern reagierten, wie sie es erwartet hatte, schockiert und fassungslos. Ihre Mutter weinte und ihr Vater, der seit Jahren nicht mehr rauchte, zündete sich eine Zigarette an. Doch nach einem langen Vormittag, an dem sie mehr miteinander sprachen als in den vergangenen zehn Jahren, fuhr Rebecca erleichtert ab, mit sich im Reinen und in der Gewissheit, dass sie ihren Eltern näher war als jemals zuvor.

In der Tasche hatte sie eine schriftliche Einladung für Elena zu Vaters berühmtem Barbecue-Abend im Garten, den er jedes Jahr im Sommer für seine Freunde veranstaltete. »Wir stehen zu dir«, rief ihre Mutter ihr noch nach, als sie erleichtert abfuhr.

Alle Eltern meinen es gut mit ihren Kindern. Auch wenn die Folgen ihrer Bemühungen nicht immer gut sind. Vor allem dann nicht, wenn sie sich in unser Leben einmischen, unsere Partner oder Partnerinnen kritisieren, besser wissen, wie man die Enkel erziehen soll. Manchmal glauben sie sogar, dass sie ein Recht haben, unsere sexuelle Orientierung zu hinterfragen. Sie legen meist dann ihre eigenen Maßstäbe an unser Leben an, wenn sie nicht wahrgenommen haben, dass wir schon erwachsen sind. Und wir dürfen ihnen sagen, dass wir gern von ihnen geliebt, aber nicht weiter bevormundet werden wollen.

Doch wenn es uns glückt, dass wir in der Weisheit unseres eigenen Älterwerdens milde zu uns selbst und zu unseren Müttern und Vätern sein können, dann kann die Beziehung zu den Menschen, denen wir unser Leben verdanken, wieder eine eigene Schönheit und Zärtlichkeit entwickeln.

Empfehlungen

- Lieben Sie Ihre Eltern, aber opfern Sie sich nicht für sie auf.
- Falls Sie Geschwister haben und pflegebedürftige Eltern, vergessen Sie nicht, dass *alle* gleichermaßen zuständig sind. Übernehmen Sie nicht automatisch Aufgaben, die auch andere Geschwister erfüllen könnten.
- Delegieren Sie einiges von Ihrem bisherigen Engagement, wenn Ihre eigene Lebensqualität leidet. Dauerhafte Überlastung zerstört die Beziehung zu Ihren Lieben.
- Erlauben Sie Ihren Eltern nicht, sich in Ihr Leben einzumischen, das steht ihnen nicht zu. Das Wort Rat-Schlag sagt schon, dass ungebetene Kommentare zu Ihrem Leben unpassend sind.
- Söhnen Sie sich mit Ihrer Geschichte aus, der Groll über Versäumnisse Ihrer Eltern vergiftet Ihre Zellen.
- Erlauben Sie sich, die Überzeugungssysteme und die damit verbundenen Glaubenssätze, die Ihnen Ihre Eltern mitgegeben haben, zu hinterfragen. Mehr dazu im Kapitel »Muster im Kopf«.
- Danken Sie Ihren Eltern. Sie haben Ihnen das Leben geschenkt.

Die Partnerschaft

Es waren einmal eine Frau und ein Mann. Sie begegneten einander auf einer Party und fühlten sich magisch voneinander angezogen. Als der Abend zu Ende ging, hatten sie sich schon ineinander verliebt. Noch in dieser Nacht gingen sie Hand in Hand nach Hause. Sie wurden ein Paar und fingen ein neues Leben an, in dem jeder sich bemühte, so zu sein, wie der andere ihn gerne wollte.

Die Frau zum Beispiel hatte, bevor sie den Mann traf, grüne Kleider über alles geliebt. Sie besaß ein hellgrünes, ein dunkelgrünes und ein grünblau schillerndes. Er aber mochte Grün nicht, und so hörte sie nach kurzer Zeit auf, diese Farbe zu tragen. Sie warf die Kleider nicht weg, aber sie hängte sie ganz hinten in den Kleiderschrank.

Der Mann wiederum war immer ein bisschen unpünktlich gewesen. Als er merkte, dass die Frau sein Zuspätkommen hasste, strengte er sich unendlich an und schaffte es tatsächlich, immer auf die Minute pünktlich im Restaurant zu erscheinen. So ging das einige Zeit.

Eines Tages sah die Frau in einem Schaufenster ein wunderschönes grünes Kleid. Sie ging in den Laden, kaufte es und zog es an diesem Abend an. Und der Mann, der gerade ein ganz besonderes Programm am Computer entwarf, überhörte den Wecker, den er sich gestellt hatte, und vergaß nach Langem wieder einmal die Zeit.

Da saßen sie nun im Restaurant. Sie in ihrem neuen, grünen Kleid und er zwanzig Minuten zu spät. »Du bist nicht mehr der Mann, in den ich mich verliebt habe«, seufzte die Frau. Und er antwortete: »Und du bist nicht mehr die Frau, in die ich mich verliebt habe.«

»An diesen Punkt gelangen fast alle Paare«, sagte mein inzwischen längst verstorbener Lehrer Paul Rebillot, ein amerikanischer Schauspieler und Psychotherapeut, der uns diese Geschichte in seinem Seminar »The Lover's Journey« erzählt hat.

Viele Menschen trennen sich dann, weil sie nicht verstehen, dass echte Liebe erst dann möglich wird, wenn wir einander sein lassen können, wie wir sind. Was wir bisher im anderen gesehen haben, war die Projektion unserer eigenen Wünsche. Am Anfang einer Beziehung bemühen wir uns noch, dem Bild des anderen zu entsprechen und verlieren uns dabei häufig selbst. Wer wirklich liebt, akzeptiert den anderen Menschen so, wie er ist. Dann können sich Dinge vielleicht ändern.«

Es gibt kein Spielfeld, auf dem wir mehr lernen können als in unserer Partnerschaft. Und es gibt kaum eine bessere Gelegenheit, um zu lernen, für uns selber einzustehen.

Die große Frage dabei ist immer dieselbe: Was erlaube ich mir?

Kann ich mir erlauben, ich selber zu sein – falls ich weiß, wer ich bin –, oder muss ich mich aus Angst, meine Beziehung zu gefährden, verbiegen?

Als Carl und ich uns nach langem Zögern entschieden, eine Wohnung zu teilen, schien mir nach kurzer Zeit, dass er meine Nomadin nicht besonders mochte. Er sagte es nicht, aber ich glaubte es zu spüren. Sie war ihm zu sprunghaft, zu spontan und brachte seinen strukturierten Alltag in Unordnung. Also zähmte ich sie. Das ging eine Weile gut, doch dann merkte ich, dass ich meine Lebensfreude verlor. Meine Nomadin muss durch die Wälder ziehen, und wenn es keinen Wald gibt, gern auch durch die Städte. Als ich das verstand, gab ich ihr ihren Lebensraum zurück. Und Carl und ich fanden gemeinsam Wege, die es uns ermöglichen, trotz aller Unterschiedlichkeit noch heute glücklich zusammenzuleben.

Manche von uns verbiegen sich in ihren Beziehungen so sehr, dass sie sich selbst verlieren. Dass es häufig Frauen sind, die sich anpassen, liegt an unseren alten Gewohnheiten. Mann-Sein war früher geprägt von der Verpflichtung, für das Wohlbefinden der Frau zu sorgen und den bestimmenden Part zu übernehmen. Frau-Sein bedeutete Unterordnung. Emanzipation auf beiden Seiten besteht heute darin, einander freizulassen und die Verantwortung für uns selbst zu übernehmen – eine Beziehungsaufgabe, der wir uns gemeinsam stellen sollten. Denn nur so kann die Liebe länger dauern als die, statistisch gesehen, üblichen sieben Jahre.

Oft sind es die scheinbar kleinen Dinge, die Beziehungen langfristig zum Scheitern bringen. Gespräche, die nicht geführt werden, Befindlichkeiten, die verschwiegen werden, Nachlässigkeiten, die immer mehr werden, und irgendwann ist das Rabattmarkenbuch, in das wir die Verfehlungen des anderen hineingeklebt haben, voll, weil wir uns nicht erlaubt haben, ehrlich miteinander zu sein.

In meiner ersten Ehe habe ich so vieles nicht gesagt, dass mein Schweigen mit den Jahren die Liebe aufgegessen hat. Inzwischen habe ich dazugelernt. Carl und ich sind gute »Beziehungsredner«. Und wenn der friedliche Austausch einmal nicht geht, dann wird eben gestritten. Am Anfang unserer Beziehung so oft, dass wir uns ein feines Essen in unserem Lieblingsrestaurant gegönnt haben – zur Feier des Tages, wenn wir es eine Woche ohne Krach geschafft hatten. Das ist aus meiner Sicht immer noch besser, als wenn der Beziehungsmüll unter den Teppich gekehrt wird.

Häufig sind es die Kompromisse, die zu Stolpersteinen werden. Denn der Kompromiss trägt in seinem Namen schon den Mangel, den er verursacht. Wenn ich einen Kompromiss eingehe, dann vermisse ich etwas, was mir wichtig ist. Inzwischen weiß ich, dass zumindest der »faule Kompromiss« sich für mich nicht eignet, weil er mich irgendwann in Schwierigkeiten bringt. Seither versuche ich, lieber einen Konsens zu finden, ein interessanter Begriff, der bei Wikipedia eine Deutung findet, die mir gefällt: »Konsens bedeutet die übereinstimmende Meinung von Personen zu einer bestimmten Frage ohne verdeckten oder offenen Widerspruch.«

Der offene Widerspruch wäre ja nicht das Problem. Da sind wir ehrlich zueinander und können uns erlauben, in dieser oder jener Frage getrennte Wege zu gehen oder eine Lösung zu finden, mit der wir beide zufrieden sind. Der Hund liegt im verdeckten Widerspruch begraben. Ich stimme zwar zu, aber in meinem Inneren bin ich dagegen. Und irgendwann, wenn die heimliche Gegnerschaft so groß ist, dass sie sich wie ein Hefeteig in meinem Inneren weiter ausdehnt, gibt's Krach. Für den Partner oder die Partnerin meistens völlig unvorbereitet und überraschend, weil es ja eine offizielle Zustimmung zu dem verhandelten Thema gab.

Mein letzter fauler Kompromiss war das jährliche Weihnachten auf Sparflamme, obwohl ich eine Kitschtante bin. Ich liebe es, wenn unsere Nachbarn rund um uns die Dunkelheit mit Lichterketten an ihren Häusern vertreiben, wenn es Punsch und Glühwein auf der Straße gibt, wenn Freunde Plätzchen backen und sie mir schenken, auch wenn ich mich regelmäßig überfresse.

Ich liebe es, mit meiner Familie Weihnachten zu feiern und

meinen Kindern Geschenke zu machen. Carl hat für sich selbst ein Geschenkeverbot erlassen. Ich war ihm immer dankbar, dass er meinen »Weihnachtszirkus«, wie er ihn nennt, seit Jahren ertragen hat.

Lange dachte ich, dass wir einen guten Kompromiss gefunden haben. Ich habe mir abgewöhnt, einen großen Baum zu kaufen und schmücke ein Miniaturbäumchen. Ich verzichte auch darauf, unser Haus oder die große Tanne in der Einfahrt zu beleuchten, und habe nur einen kleinen, unauffälligen Stern am Terrassengeländer angebracht. Er erträgt dafür, dass ich am Heiligen Abend so richtig Weihnachten feiern und zu allem Überfluss auch noch singen will. Die beiden Engel, die dieses Jahr vom 23. Dezember an auf unserem Esstisch als Kerzenhalter stehen, sind bereits ein Kitsch-Übergriff. Das glaubte ich aus seinen Blicken zu verstehen, und das war dann auch der Auslöser, dass ich nach so vielen Jahren Kitschverzicht plötzlich so richtig wütend wurde.

Ich kenne mein Konfliktmuster. Es beginnt mit einem ganz kleinen Unmuts-Schwelbrand in mir, den ich versuche zu ignorieren. »Sei doch nicht so«, sagt dann meine innere Beschwichtigerin, der der Frieden so viel wert ist. Wenn ich dann bemerke, dass der Fluss des Alltags den kleinen Schwelbrand nicht löscht, dann müsste ich eigentlich etwas sagen.

Ich lehre in allen meinen Kommunikationsseminaren, dass der Schuldner ein Recht auf Mahnung hat. Denn wenn ich zu etwas schweige, was mich stört, mache ich mich mitschuldig am Konflikt, denn Schweigen birgt Streitpotenzial.

Und obwohl ich das natürlich alles weiß, hoffe ich weiter, dass der Schwelbrand einfach verkümmert, weil er keine Nahrung mehr bekommt. Doch das ist leider meistens nicht so. Er bekommt spätestens dann Nahrung, wenn eine neue Kleinigkeit auftaucht, die an sich nicht tragisch wäre, wenn ich nicht schon den Schwelbrand in mir trüge. Doch plötzlich entzündet sich der unterdrückte Konflikt, mein Inneres steht in Flammen, und ich bin so wütend, dass ich mein Schwert ziehe.

Zu meiner Verteidigung kann ich sagen, dass das nur noch selten passiert, denn meistens erlaube ich mir, die Dinge, die mich stören, einfach anzusprechen. Klar und wertschätzend. Doch wenn – und dafür eignen sich Partner natürlich am besten – jemand meine Knöpfe drückt und ein schmerzhaftes Kindheitsmuster aktiviert, dann kommt meine Brüllbärin zu Besuch und erlaubt sich herumzuschreien.

Besser wäre es, wenn ich mir immer erlauben würde, offen zu sein und Dinge anzusprechen, die mich verletzen oder stören.

So wie es in den klugen Beziehungsbüchern steht. Doch selbst wenn das nicht klappt, ist ein Streit wie ein reinigendes Gewitter, das die Beziehungsluft wieder frisch macht und uns einander näher bringt. Es sei denn, der Streit wird zur täglichen Gewohnheit. Und um alle Paare, die mir erzählen, dass sie niemals streiten, mache ich mir wirklich Sorgen.

Für eine gute Beziehung, das wissen alle, die sich seit Jahren darum bemühen, gibt es kein allgemeingültiges Rezept. Was es aber auf jeden Fall gibt, sind ein paar grundsätzliche *Qualitäten*, die unverzichtbar sind, wenn wir gut miteinander auskommen wollen.

Wertschätzung und Respekt: Wo diese Qualität fehlt, wird niemals eine ganz tiefe, vertrauensvolle Nähe entstehen, weil wir immer auf der Hut vor Verletzungen sind.

Offenheit und Ehrlichkeit: Jede Lüge vergiftet die Beziehung. Sie ist wie eine Wand, die sich zwischen uns und den Menschen, den wir lieben, stellt. Wenn ich damit beschäftigt bin, etwas Wichtiges zu verbergen, kann ich mein Herz nicht wirklich öffnen.

Ausgewogenheit zwischen Nähe und Distanz: Wir können

nicht immer aneinanderkleben, wenn wir ganz wir selber bleiben wollen. Damit wir uns selbst erfahren, brauchen wir einen Raum, der nur uns gehört und der uns immer wieder spüren lässt, wer wir sind. Zur gleichen Zeit ist Nähe wichtig, damit wir einander nicht verloren gehen.

PS: Warum habe ich nichts zum Sex in der Partnerschaft gesagt? Weil die Erlaubnis zu erfüllendem, jahrzehntelangem Sex so komplex und zur gleichen Zeit auch wirklich viel Arbeit ist, dass dieses Thema den Rahmen dieses Buches sprengen würde. Unabhängig davon ob sich Frau/Mann, Frau/Frau oder Mann/Mann lieben.

Empfehlungen

- Erinnern Sie sich daran, wer Sie waren, bevor Sie Ihren Partner oder Ihre Partnerin kennengelernt haben. Falls Sie etwas Wichtiges aufgegeben haben, erlauben Sie sich, es wieder in Ihr Leben zu holen.
- Erlauben Sie sich auch ein eigenes Leben, jenseits der Paarbeziehung.
- Leben Sie die Gemeinsamkeiten, und lassen Sie zu, dass Sie dort, wo Sie unterschiedlich sind, auch getrennte Wege gehen. Das ist gesünder als ein fauler Kompromiss.
- Erlauben Sie sich, Ihre sexuelle Orientierung zu leben. Niemand hat das Recht, Ihnen Ihr Glück zu verbieten.
- Erlauben Sie sich, genau hinzuschauen, wenn Sie nicht mehr glücklich sind. Fragen Sie sich, ob Sie Arbeit in die Beziehung investieren wollen oder ob die gemeinsame Zeit zu Ende geht.
- Unsere Partner und Partnerinnen sind häufig unsere besten »Entwicklungshelfer«, speziell dann, wenn sich un-

sere erlernten Muster im Miteinander als Reibungsfläche herausstellen. Geben Sie nicht zu schnell auf. Solche Beziehungen können besonders heilsam sein. Mehr dazu im Kapitel »Muster im Kopf«.

- »Aus Liebe zu mir stehe ich zu mir« steht nicht im Widerspruch zu »Aus Liebe zu dir ...«.
- Bücher, die ich empfehle:
  - Friedemann Schulz von Thun: Miteinander reden: 1. Störungen und Klärungen. Allgemeine Psychologie der Kommunikation, Reinbek 2010
  - Sabine Bösel, Roland Bösel: Leih mir dein Ohr und ich schenk dir mein Herz. Wege zu einer glücklichen Liebesbeziehung, München 2012

Die Kinder

Vor einiger Zeit hatte meine Tochter Geburtstag. Ich liebe dieses Kind, seit es in meinem Bauch wuchs. Damals sagten mir die Ärzte, ich solle es aus meinem Leben entfernen, weil ich, als ich noch nicht wusste, dass ich schwanger war, eine Operation mit mehreren Röntgenaufnahmen hatte. Der Satz: »Sie sind noch jung, Sie können noch viele Kinder haben«, ist mir gut in Erinnerung.

Aus Liebe zu mir und zu ihr habe ich mich für uns entschieden, und als Julia Anna zur Welt kam, war sie gesund und schon damals sehr selbstbestimmt.

Meine Tochter, inzwischen sechsunddreißig Jahre alt, hat vor ein paar Monaten einen Karriereschritt gemacht, der sie rund um die Uhr fordert. Ihr Vorschlag, dass sich die Familie an ihrem Geburtstag in ihrer Wohnung zusammensetzt und wir uns ein paar Pizzen holen, entsprach ihrer Lebenssituation. Und dann kam ich und stürzte mich ins Mamaland. Zuerst schlug ich ein schönes Restaurant vor, was sie nicht wollte, weil sie sowieso ständig unterwegs ist. Also trat Plan B in Kraft: Das Kind sollte an seinem Geburtstag ein Festtagsessen bekommen, und weil wir acht Personen waren, haben Jutta, die zweite Frau ihres Vaters, und ich gekocht, geschnippelt und dekoriert. Jede in ihrer eigenen Küche, aber perfekt abgestimmt. Das war eine gute Idee.

Die Wahrheit, dass ein Buffet für acht Personen in meinem eigenen Zeitbudget gar nicht drin war, habe ich ignoriert und

mich zwischen zwei anstrengenden Lehrveranstaltungen abge-
hetzt. Und damit auch noch Carl, der Anna liebt, als wäre sie
sein eigenes Kind, mit meiner Hektik genervt. Das ist mir aller-
dings erst später aufgefallen.

Meine Tochter hat sich das nicht gewünscht. Sie ist eine praktische, selbstsichere junge Frau, und ihr Glück hängt nicht davon ab, ob ihre Mama sie bekocht. Im Gegenteil. Sie kann es
nicht ausstehen, wenn ich mich für sie abhetze. Aus Liebe zu
mir wäre es besser gewesen, wir hätten uns an dem Abend einfach nur Pizza bringen lassen.

Doch das ist schwer für mich. Wenn es um meine Kinder
geht, bin ich noch immer gefährdet, mich selbst zu verlassen.
Ich war so lange daran gewöhnt, vor allem an sie zu denken,
dass das in meinem Gehirn eine breite Spur hinterlassen hat.
Diese Spur gibt es in uns Frauen seit Jahrtausenden, und das
macht es nicht leichter. Der Schutz der »Brut« war überlebens-
notwendig und sicherte den Fortbestand der Spezies.

Natürlich ist klar, dass ich für Anna und meinen Sohn
Antonio da bin, wenn sie mich wirklich brauchen. Das tut jede
Mutter. Aber manches von diesem »Muttertrieb«, der in unseren Genen wohnt, wage ich zu hinterfragen. Müssen es wirklich
noch immer die Mütter sein, die hauptsächlich ihre Kinder versorgen? Und wieso wird ein Vater, der mit seinem Nachwuchs
auf den Spielplatz geht, allseits bewundert?

Meine Freundin Else hat gerade Krach mit ihrer Tochter, weil
die ihr vorwirft, dass sie sich nicht genug um ihre Enkel kümmert. Else war alleinziehende Mutter, und Zeit für sich kannte
sie nicht. Sie musste Geld verdienen und sich um ihr Kind kümmern, dessen Vater bei einem Unfall gestorben war. Ihre zweite
Tochter wurde zwar in eine intakte Beziehung geboren, aber
auch hier war klar, dass es Frauenpflicht ist, dafür zu sorgen,
dass das Kind gut aufwachsen kann.

Nun sind beide Töchter aus dem Haus, und Else ist, nach einem Leben, in dem es hauptsächlich um andere ging, endlich frei. Frei wofür? Für die Entlastung der jungen Eltern? Ja, gerne, wenn es passt. Aber nicht als Verpflichtung. Else geht mit ihren Enkeln ins Kindertheater und amüsiert sich köstlich. Sie macht mit ihnen Abenteuerurlaube in einer Hütte ohne fließendes Wasser und führt sie ins Museum. Und wenn es brennt, weil ein Kind krank wird, ist sie da. Aber als regelmäßiger Babysitter will sie sich nicht verpflichten.

Aus Sicht ihrer Tochter ist sie eine Rabengroßmutter und hat dem Ganzen noch die Krone aufgesetzt, als sie ganz ungerührt sagte: »Wenn ihr zwei Kinder in die Welt setzt, dann ist es eure Aufgabe, euch zu überlegen, wie ihr das bewältigen könnt.«

Darf der Satz »aus Liebe zu mir« auch dann Gültigkeit haben, wenn er bedeutet, dass wir unseren Kindern einen Wunsch abschlagen?

Wenn wir unsere Selbstfürsorge ernst nehmen, dann brauchen wir an diesem Punkt ein deutliches »Ja«. Dann können wir unsere Kinder lieben, unabhängig davon, ob sie drei oder dreißig Jahre alt sind. Doch wir müssen uns für sie nicht selbst aufgeben.

So wie Magdalena. Sie ist Elses Nachbarin und eigentlich der Anlass, warum meine Freundin es nicht so schwer hatte, konsequent ihre Grenzen zu ziehen. Früher haben die beiden sich regelmäßig ihre Gärten gezeigt und sich gegenseitig Pflanzen geschenkt. Wenn es später wurde, haben sie noch ein Gläschen Sekt zusammen getrunken und ein bisschen über ihre Männer gelästert. Als Magdalenas Tochter ein Kind zur Welt brachte, war klar, dass Rita sofort in ihrem Beruf weiterarbeiten wird, und es war auch klar, dass die Oma Mutterpflichten übernehmen wird. Heute ist Magdalena eine erschöpfte Frau, die sich selber vernachlässigt, weil sie inzwischen für zwei Kinder die Verantwortung übernommen hat.

Doch was für den einen Menschen eine Katastrophe ist, kann für einen anderen ganz wunderbar sein. Meine Freundin Maria liebt es, mit ihren Enkelkindern möglichst viel Zeit zu verbringen. Sie lädt sie alle auch immer wieder gemeinsam zu sich ein, und dass dann die Bude brummt und überall Babys herumkriechen und ihre Tapser auf die Möbel machen, stört sie nicht. Auch sie war über lange Strecken alleinerziehende Mutter und genießt es jetzt, dass sie wirklich Zeit hat, ein Baby im Arm zu halten, ohne nebenbei kochen zu müssen. Sie kann mir stundenlang davon erzählen, wie wunderbar es ist, diesen kleinen Menschen beim Wachsen zuzusehen, und findet, dass ihr Leben um so vieles reicher geworden ist, seit sie und ihr zweiter Mann Otto eine Vielzahl an Enkelkindern haben.

Was bleibt aus all diesen Geschichten? Die Erkenntnis, dass ein »Ja« oder ein »Nein« immer ganz individuell bleiben müssen, wenn wir uns selbst treu bleiben wollen! Das Schielen darauf, wie das andere machen, der Druck, dem wir uns aussetzen, weil sie es anders machen als wir, tut uns nicht gut.

Das gilt auch für die Frage, ob Mütter in den ersten Jahren zu Hause bleiben sollen oder nicht. Dieses Thema findet nur dann eine gute Antwort, wenn die Frage zugelassen wird, auf welchem Weg das Kind eine glückliche Mutter haben wird. Denn eines kann ein Baby ganz sicher nicht brauchen: eine Bezugsperson, die ständig unzufrieden ist. Das schadet mehr als jede alternative Betreuungsform.

Jeder Mensch ist einmalig und hat das Recht, seine eigenen Entscheidungen zu treffen. Ohne schlechtes Gewissen und ohne Vorträge über moralische Verpflichtungen. Gegen Schuldgefühle und Schuldzuweisungen hilft nur, standhaft zu bleiben und sich selbst die Erlaubnis zu einem passenden Lebensentwurf zu geben.

Und: Viele Väter haben gar keine Chance, sich mehr um

ihre Kinder zu kümmern, weil wir Frauen – mit unserer Übung darin – viel schneller sind als sie. Der gefährliche Satz: »Das mache ich lieber gleich selber, dann geht es schneller«, macht Väter schnell zu Randfiguren in der Kinderfürsorge.

Und noch ein Satz gehört für immer aus dem Dialog zwischen Mann und Frau gestrichen: »Ich will, dass du zu Hause bleibst, die Kinder brauchen ihre Mutter.«

Kinder brauchen eine liebevolle Bezugsperson. Sie brauchen jemanden, der sie spüren lässt, dass sie willkommen sind auf dieser Welt. Das darf auch gern der Vater sein.

Empfehlungen

- »Aus Liebe zu dir«, sagt sich, wenn es um unsere Kinder geht, ganz leicht. Bitte fügen Sie dem unbedingt auch ein Aus-Liebe-zu-mir hinzu. Kinderbetreuung, ob groß oder klein, sollte uns nicht um ein gutes Leben bringen. Das tut auch den Kindern nicht gut.
- Hinterfragen Sie Ihre alten Muster. Ist all das, was Sie für Ihre Kinder tun, wirklich angemessen? Oder haben Sie sich selber dabei vergessen?
- Gibt es Träume, die Sie sich nicht erfüllen, weil es die Kinder gibt? Hinterfragen Sie den Verzicht. Vielleicht gibt es gute Lösungen für beides.
- In Ihnen wohnt eine jüngere Version Ihrer selbst, die auch von Ihnen betreut werden möchte. Diese kleinen Marias, Gabis, Franzis und Hansis möchten beachtet werden.
- Haben Sie den Mut, gute Lösungen für sich zu finden, die dem gesellschaftlichen Mainstream widersprechen.

Die Geschichte vom Camper 7

Elke gehört zu meiner Familie, auch wenn wir nicht verwandt sind. Sie hat so viel für mich getan, dass ein Leben nicht reicht, um es ihr zu vergelten. Es ist klar, dass sie dabei sein wird, wenn ich mich auf die Suche nach meinem fahrenden Wohnzimmer mache, in das ich mich verlieben werde.

»Es geht nicht darum, dass du dich in ein Auto verliebst«, sagt sie in ihrer nüchternen Art, »es geht darum, dass es praktisch ist.«

Als wir mit dem ersten Camper, den ich ausprobiere, durch die Dörfer rund um Wien fahren, kommen die Erinnerungen an früher hoch. Damals waren meine Kinder noch klein und mein Leben eine einzige Katastrophe. Mein erster Ehemann war zuerst auf der Flucht und dann im Gefängnis, auch wenn er das, was ihm vorgeworfen wurde, nicht getan hat. Und ich mittendrin. Ohne Schuld, aber dafür umso mehr betroffen.

Damals habe ich erfahren, wer meine echten Freunde sind. Und: Wir hatten immer wieder auch viel Spaß. Denn das Kunststück, das habe ich gelernt, ist es, sich in schweren Zeiten unabhängig von den äußeren Umständen ein gutes Leben zu machen.

Für einen Augenblick ist es wieder wie vor dreißig Jahren. Wir sitzen im Cockpit eines Wohnmobils, das größer ist als alles, was ich mir kaufen wollte, dafür aber eine Eckbank mit einem braunen Lederbezug hat, und erzählen uns von damals. Wie Bimba, unser Hund, in Bayreuth in einer historischen Anlage in einen Springbrunnen gefallen ist. Wie er von meiner Tochter, die ihm nachsprang, gerettet wurde. Wie wir auf der Rückreise an einem einsamen See im Osten von Deutschland mit Anna und Antonio am Lagerfeuer Würstchen gebraten haben. Wir lachen, als wir uns an ein Foto erinnern, das uns vor dem Wohnmobil an der Kieler Außenförde zeigt, die Füße in einem Wasserschaff für die Pediküre im Freien, während die Kinder dreckstrotzend Fußball spielen.

Und jetzt sind wir noch immer vergnügt. Zwei alte Weiber im besten Sinn des Wortes auf Abenteuertour. Dass dieses Reisemobil, in dem wir fahren, für mich nicht infrage kommt, spielt an diesem Tag keine Rolle. Auch nicht, dass ich gerade ein Gefährt ausprobiert habe, das Carl gefallen könnte, aber mir nicht, weil ich braune Ledersitze nicht mag.

🚐 Fortsetzung auf Seite 163

Das Alter

Señora Gerta liebt ihre Arbeit. Die Kundinnen in Panama-City, deren Ehrenbürgerin sie ist, sind ihr seit vielen Jahrzehnten treu und hoffen, dass sie ihren Kosmetiksalon noch lange führen wird. Wenn sie mit ihren kundigen Händen die Gesichter von Frauen verschönert, ist das für sie genauso erfüllend, wie wenn sie mit ihren Freundinnen Bridge spielt oder in einem Restaurant spontan in das Lied einstimmt, das der Pianist am Flügel spielt. Die Frage, warum sie aufhören soll, etwas zu tun, was ihr Spaß macht, stellt sich für sie nicht.

Wer so wie sie über sich selbst hinauswachsen musste, um ihren Mann aus dem KZ zu retten, in das er in der »Reichskristallnacht« verschleppt wurde, kennt keine vorgegebenen Grenzen. Sie riskierte bei der Befreiungsaktion ihr eigenes Leben und rettete dadurch das ihres geliebten Mannes, mit dem sie dann unter abenteuerlichen Umständen nach Panama flüchtete.

Eine Frau wie Señora Gerta – das gleichnamige Buch der Journalistin Anna Siegel ist ein beeindruckendes Zeitdokument – macht sich keine Gedanken darüber, wie man sich im Alter benehmen soll. Wer so wie sie aus einem erfüllten Leben als begabte Wiener Schauspielerin vertrieben wurde und sich auf einem fremden Kontinent neu erfinden musste, wird frei von Erwartungen, dass sich das Leben in vorgezeichneten Bahnen bewegen soll. Für die begabte Jüdin aus bürgerlichem Haus zählte damals nur eines: Was wird gebraucht in diesem neuen

Erlaubnispotenziale und Hindernisse

Land, das ihr Sicherheit bot, und wie kann sie ihr kreatives Potenzial nützen, um zu überleben?

Heute ist Señora Gerta mehr als hundert Jahre alt und arbeitet noch immer als wohl älteste Kosmetikerin der Welt. Und sie lebt noch immer nach dem Motto, dass Dankbarkeit fürs Leben ein nicht versiegender Jungbrunnen für Gesundheit und Freude ist.

Wir müssen nicht arbeiten, bis wir hundert sind, aber wir dürfen es, wenn es uns glücklich macht. Wir müssen im Alter nicht reisen, es sei denn, es macht unser Leben reicher. Wir müssen keine großen Wanderwege gehen, es sei denn, wir haben Freude an der Bewegung, und wir müssen uns auch nicht bunt kleiden, aber wir dürfen es, wenn wir es wollen.

»Wie kannst du nur, in deinem Alter …« ist ein Korsett, und wir legen es uns in unserer jugendbetonten Gesellschaft allzu bereitwillig selbst an. Niemand zwingt uns, in den Abgesang des Lebens als ungeliebtes Reststück einzustimmen. Niemand zwingt uns zu glauben, dass das weite Land des Alters so unattraktiv ist, dass wir uns bis zur Erschöpfung bemühen müssen, es nicht zu betreten. »Forever young« ist genauso eine Falle wie »zu alt für …«. Denn das Alter ist eine reiche Zeit wie jede andere Phase in unserem Lebens, mit dem Bewusstsein, dass unsere Zeit endlich und damit noch kostbarer ist.

Doch es ist nicht einfach, uns die Erlaubnis zu geben, auf die Art alt zu werden, die uns guttut, denn unser größter Gegner dabei ist unser eigenes Gehirn.

»Das Alter ist ein so mächtiges Brandmal, dass wir, was immer unserem Leib und unserem Geist in fortgeschrittenem Alter zustoßen mag, annehmen, es komme von den hohen Jahren«, schreibt Ellen Jane Langer, Professorin für Psychologie und Altersforscherin an der medizinischen Fakultät in Harvard, in ihrem Buch *Mindfulness*. »Wenn alte Menschen etwas auch nur ein ganz klein wenig Ungewöhnliches tun, nennen wir das exzentrisch oder senil, auch wenn sie sich ein Leben lang so verhalten haben. Innerhalb einer so einengenden Einstellung, die knapp sitzt wie eine Rüstung, die eine Nummer zu klein ist, werden Entwicklung, Flexibilität und Initiative abgewürgt. Nicht nur die Qualität, sondern auch die Länge unseres Lebens kann davon betroffen sein.«

In ihren Studien in Altenheimen konnte die Forscherin nachweisen, dass gut gemeinte Fürsorglichkeit nach und nach die Autonomie unterminiert und dass Entmündigung krank macht: »Wenn wir sehen, dass andere Menschen die Dinge tun, die wir sonst selbst getan haben, bekommen wir das Gefühl, dass wir jetzt nicht mehr fähig sind, sie zu tun.« Gott sei Dank gibt es inzwischen auch schon andere Modelle als die krank-machende Verwahrung von Menschen in Altenheimen. Alternative Wohngemeinschaften boomen und werden hoffentlich das Modell der Zukunft werden. Was noch fehlt, ist eine Vision unserer Gesellschaft. Es wäre klüger, wenn wir darüber diskutierten, wie wir uns von unseren krank machenden Gedanken über das »normale Siechtum Alter« befreien können, statt uns zu überlegen, ob der erhöhte Pflegebedarf von Robotern geleistet werden kann.

Die Kritik an unserer Sicht auf das Alter fängt für Langer schon in den Prägungen unserer Kindheit an: »Alter und schlechte Gesundheit werden ständig verwechselt. Krankheit mag im Alter häufiger sein, ist aber nicht dasselbe wie Alter. Da wir blind glauben, dass Alter Anfälligkeit und Schwäche bedeutet, erwarten wir wenig von den alten Menschen um uns herum oder von uns selbst, wenn wir älter werden.«

Diese Spur, die in unserem Gehirn während unseres gesamten Lebens gelegt wurde, ist für uns fatal. Wir sprechen gerne von Entwicklung. Vom Säugling bis zum Erwachsenenalter wird uns zugestanden, dass wir lernen und durch immer neue Erfahrungen wachsen. Und dann, wenn wir die magische Grenze zum Alter überschritten haben, geht es plötzlich verstärkt um Defizite und Einschränkungen, und wir sagen uns in einer selbsterfüllenden Prophezeiung, dass jetzt der Abstieg beginnt, der unvermeidlich ist.

Ellen Jane Langer wollte dieses »alte« Denken nicht akzeptieren und entwarf ein Forschungsprojekt mit dem Ziel nachzuweisen, dass unser Denken und Fühlen unseren Alterungsprozess beeinflusst.

Sie fand durch Zeitungsannoncen Männer zwischen fünfundsiebzig und achtzig Jahren, die bereit waren, an ihrem Versuch teilzunehmen. Sie wurden für fünf Tage in einem schönen Heim auf dem Land untergebracht, das so eingerichtet war, wie es vor zwanzig Jahren modern war. Das Ziel war, sie ganz in diese Zeit zurückzuversetzen, um zu überprüfen, ob ihr Körper und ihr Geist diese Bewusstseinsveränderung mitmachen und sie sich wieder jünger fühlen würden.

Sie erhielten vor dem Experiment Fotos der anderen Teilnehmer, die sie in diesem Alter zeigten, und waren eingeladen, sich so zu kleiden und sich so zu benehmen wie damals. Es lagen Zeitschriften aus dieser Zeit herum, es wurden mit einem alten Radio Sendungen von damals eingespielt und am Abend gab es Filme, die vor zwanzig Jahren gedreht worden waren.

Alle Gespräche und moderierten Diskussionen drehten sich um die Jahre, als sie fünfundfünfzig bis sechzig waren, als lebten sie in der Gegenwart. Das Ergebnis war verblüffend. Die Männer, deren körperlicher und psychischer Zustand vor der Studie genau untersucht worden war, fühlten sich nach diesen fünf Tagen nicht nur jünger, sie sahen auch auf den Vorher-Nachher-Fotos rund drei Jahre jünger aus, und es konnten messbare Verbesserungen ihrer Gesundheit nachgewiesen werden. Sogar das Gehör hatte sich bei den meisten verbessert, und die Gedächtnisleistungen waren gestiegen. Sie hatten messbar mehr Muskeln und die Kraft in den Händen hatte zugenommen.

»Das Wichtigste war vielleicht«, schreibt Ellen Jane Langer, »dass diese Männer ermuntert wurden, die Kontrolle über ihr Leben zu einem großen Teil selbst wieder in die Hand zu nehmen.«

Allein die Tatsache, dass dem Gehirn dieser Männer suggeriert wurde, dass sie wieder jünger wären, genügte für diese Veränderungen. Doch auch unser Körper lässt sich im höheren Alter gerne neue Aufträge geben. Darin ist »Oma Toppelreiter«, die wohl älteste Wanderin auf dem Jakobsweg, die ich in meinem Buch »Wir wilden weisen Frauen« porträtiert habe, eine Expertin. Eigentlich wollte sie schon sterben, denn nach dem Tod ihres Mannes, mit dem sie sechzig Jahre lang ein arbeitsreiches Leben geteilt hatte, sah sie in ihrer Existenz keinen Sinn mehr. Erschöpft von der Pflege, überwältigt von der Leere, gab sie sich selber auf. Ihr Enkel wollte das nicht akzeptieren und erinnerte sie an ihre Träume. Und so kam es, dass sie mit seiner Hilfe anfing, täglich zu trainieren. Aus der »Couchpotato« mit kaputten Knien, einem lädierten Knöchel und Osteoporose wurde eine Sportlerin, die ihre Ernährung vollständig umstellte und die es schaffte, mit neunzig Jahren hundert Kilometer auf dem Jakobsweg zu gehen. Das Buch, das die agile Oma über ihre Erlebnisse schrieb, sieht sie als Beitrag zur Ermutigung anderer alter Menschen.

Doch nicht nur unser Körper, sondern auch unser Geist hat die Möglichkeit, sich im Alter weiterzuentwickeln. Das bewies der amerikanische Neurowissenschaftler Michael Merzenich, wie der Forscher Norman Doige in seinem Buch *Neustart im Kopf* beschreibt. Für ihn ist das Gehirn »ein lebendiges und hungriges Wesen, das wächst und sich verändert, wenn es die richtige Nahrung und das richtige Training erhält«. Er ist der Ansicht, dass wir im Alter nicht deswegen dement werden, weil unser Gehirn so schlecht funktioniert, sondern weil wir es nicht mehr ausreichend nutzen. Während wir als Kinder und junge Erwachsene unser Gehirn trainieren, weil wir ständig etwas Neues dazulernen, verwandeln sich die meisten von uns im Alter zu Benutzern von bereits vorhandenen Fähigkeiten. Das Sprichwort »Wer rastet, der rostet«, gilt auch für unser Gehirn. Alle Areale, die wir im Alter nicht mehr nützen, verkümmern mit der Zeit.

»Wenn wir dann siebzig Jahre alt sind, kann es uns passieren, dass wir die Systeme, die unserem Gehirn seine Plastizität verschaffen, schon seit einem halben Jahrhundert nicht mehr systematisch verwendet haben.« Damit unser Gehirn auch im Alter »Futter« bekommt, empfiehlt Merzenich alten Menschen, eine neue Fremdsprache zu erlernen. Aus seiner Sicht hilft es auch, Tanzschritte zu lernen, denn es geht hauptsächlich darum, etwas völlig Neues zu erlernen, was immer es ist. Er hat, schreibt Doige, an seinem Institut »Gehirnübungen entwickelt, die dem altersbedingten Verfall des Gedächtnisses, des Denkens und der Verarbeitungsgeschwindigkeit entgegenwirken sollen«.

Wie stark Körper, Geist und Seele auf unsere Gedanken und Handlungen reagieren, ist inzwischen wissenschaftlich nachgewiesen. Wir sind so mächtig, dass wir unser Leben verkürzen oder verlängern und unser Gehirn bis ins hohe Alter formen können. Und was darüber hinaus dann noch Schicksal ist, das müssen wir den höheren Mächten überlassen. Doch unser Handlungsspielraum ist größer, als wir bisher dachten.

Empfehlungen

- Hinterfragen Sie Ihre alten Gewohnheiten und forschen Sie nach selbst auferlegten Begrenzungen.
- Überlegen Sie, was Sie sich bisher nicht erlaubt haben, und streichen Sie den Satz »Dafür bin ich zu alt« aus Ihrem Vokabular.
- Auch die beliebte Aussage: »Das mache ich noch, solange ich kann«, trägt eine Beschränkung in sich. Es ist kein guter Auftrag an unseren Körper, ihm zu suggerieren, dass er nur noch eine begrenzte Zeit gut funktionieren wird.
- Nehmen Sie in Kauf, dass Sie belächelt werden, und lassen Sie sich davon nicht von Ihren Plänen abhalten.
- Trainieren Sie Körper und Geist gleichermaßen und lassen Sie die Seele baumeln.
- Nehmen Sie wahr, wie kostbar Ihre Zeit ist, und lassen Sie den Gedanken an den Tod einen guten Ratgeber für Sie sein.

- Bücher, die ich empfehle:
  - Anna Siegel: Señora Gerta. Wie eine Wiener Jüdin auf der Flucht nach Panama die Nazis austrickste, München 2016
  - Renate Daimler: Wir wilden weisen Frauen. Von der Kunst des Älterwerdens, München 2014
  - Michael Merzenich: Soft-Wired. How the New Science of Brain Plasticity Can Change Your Life, Nashville 2013
  - Norman Doige: Neustart im Kopf. Wie sich unser Gehirn selbst repariert, Frankfurt 2014
  - Ellen Langer: Die Uhr zurückdrehen? Gesund alt werden durch die heilsame Wirkung der Aufmerksamkeit, Paderborn 2011
  - Ellen Jane Langer: Mindfulness. Das Prinzip Achtsamkeit. Die Anti-Burn-out Strategie, München 2015

Die Ressourcen

Die Geschichte vom Camper 8

Ich bin verliebt. Mein Herz klopft, mein Magen fühlt sich an, als ob ein Hummelschwarm in ihm wohnt, und ich fresse. Alles, was mir unter die Finger kommt. Das brauche ich, um mich mit beiden Füßen auf der Erde zu halten, weil ich weiß, dass meine Liebe mich in Schwierigkeiten bringen wird.

Sie heißt »La Strada«, ist außen rot, und wie sie innen aussehen wird, bestimme ich mit dem Konfigurator. Ich kann cremefarbene oder silbergraue Wände haben, rot oder weiß lackierte Schubladen, Sitze aus Stoff oder Leder, meiner Fantasie sind wenige Grenzen gesetzt, mit Ausnahme der Tatsache, dass jedes Extra sich im Preis niederschlägt. Das alles ändert nichts an meiner Aufregung und dass ich tief in mir spüre: Ich habe meinen Camper gefunden. Genau den, mit dem ich alt werden möchte. Ach ja, fast hätte ich es vergessen, dass ich schon alt bin. Wenn ich meine Jahre zähle. In meinem Herzen bin ich gerade siebzehn und singe vor Freude.

Ich erwache in der Nacht, und meine Gefühle haben sich schlagartig verändert. Ich habe Angst. Sie sitzt wie schwarzer Teer in meinem Solarplexus und in meinem Bauch und gibt mir das Gefühl, vernichtet zu werden. Von wem? Warum?

Mit solchen logischen Fragen komme ich nicht weiter. Ich brauche meine Schamanin und Therapeutin Gabriele, damit sie mit mir in die Tiefe meiner Seele steigt.

In meinem Inneren finde ich eine kleine, verängstige Renate, die sich davor fürchtet, nicht mehr geliebt zu werden, wenn sie etwas tut, was sie nicht soll. Sie hat Angst, dass sie bestraft wird, wenn sie so ist, wie sie ist. Eine ungelenkes Kind mit »falschen« Händen und eingedrehten Füßen. Bilder tauchen auf. Ein verschwitztes Stück Handarbeit in der Volksschule. Das Rot des Garns, mit dem ich den Topflappen häkeln soll, ist schon ganz braun. Die Lehrerin erklärt mir nicht, wie ich meine Finger bewegen muss.

Im Zeugnis steht bei Handarbeit und Rechnen eine Vier, weil keiner weiß, dass mein Gehirn anstrengende Umwege machen muss, weil niemand meine angeborene Linkshändigkeit akzeptiert. Dann sehe ich einen braunen Papiersack. Er ist um meine »böse« linke Hand gebunden, damit ich mit der »guten« schreiben muss. Ich quäle mich und bohre nach einer Weile ein Loch in den Sack. Die Rute des Lehrers schnellt auf meine kleinen Finger herunter. Alle braven Kinder dürfen auf ein Plakat an der Wand ihren Namen mit Buntstift schreiben. Meiner steht nicht dabei. Ich gehöre nicht dazu, weil ich anders bin. Und anders sein ist ganz schlecht.

Und jetzt bin ich schon wieder nicht angepasst. Will etwas, das man mit Logik durchaus als sinnlos und verrückt bezeichnen kann. Es sei denn, man sieht als Währung auch die Freude und nicht nur das Geld.

Ich habe Angst. Vor Männern. Vor einem strengen Vater, vor einem strengen Großvater, vor einem Lehrer, der mich täglich de-mütigt, vor vernichtender Autorität. Der Gedanke verblüfft und überwältigt mich.

Ich nehme meine kleine Renate in den Arm und sage ihr, dass sie keine Angst haben muss. Dass ich jetzt siebenundsechzig Jahre alt bin und sie beschützen kann, wenn die schwarzen Gedanken zu uns kommen. Ich sage ihr, dass Carl sie auch lieben wird, wenn wir einen Camper kaufen, weil ein Auto unsere Liebe nicht zerstö-ren kann.

Es dauert eine Weile, bis ich mich beruhige, und noch einmal taucht ein Bild aus meiner Jugend auf. Ich sehe mich mit gebrochenen Wirbelknochen in einer Ferienhütte liegen. Ich habe Angst, meinem Vater, der mir verboten hat, ein Pferd zu reiten, zu sagen, dass ich sein Verbot missachtet habe und heruntergefallen bin. Ich verberge meine unmenschlichen Schmerzen zwei lange Tage und spüre wieder: Lieber sterbe ich, bevor ich es wage, dir zu sagen, dass ich ungehorsam war.

Nein, heute muss ich nicht sterben. Ich darf diese alten Bilder und Gefühle in meinem Gehirn und in meinem Körper löschen. Heute kann ich zu meinen Wünschen stehen. Weil ich erwachsen bin, weil ich sie selbst verantworte und weil niemand über mein Leben bestimmen kann und auch nicht will. Die Angst verschwindet und macht einer neuen Gelassenheit und der Freude wieder Platz.

Fortsetzung auf Seite 180

Das magische Dreieck

Ich liebe das magische Dreieck. Es ist meine universelle Alltagshilfe, meine Landkarte, mit der ich mich im Dschungel meiner Entscheidungen orientieren kann. Es gehört zum Handwerkskoffer für ein gutes Leben, und ich erkläre es überall dort, wo ich eingeladen werde, systemisches Denken und Handeln zu vermitteln.

Ehe ich es kennenlernte, bin ich immer wieder daran gescheitert, dass ich bei meinen Entscheidungen eine der drei Qualitäten dieses Wertesystems vernachlässigt habe. Meine beiden Lehrer und Freunde, Insa Sparrer und Matthias Varga von Kibéd, denen ich meine systemische Sicht auf die Welt verdanke, haben ihm dem Namen »Glaubenspolaritätendreieck« gegeben, und im berufsbezogenen Kontext nennen wir es einfach »Wertedreieck«.

Diese sachlichen Bezeichnungen ändern nichts an seiner Magie. Denn fast wie durch Zauberhand wird das Leben, und damit alle Entscheidungen, was wir uns erlauben sollen oder besser nicht, leichter. Denn wenn wir jede Frage auf der Landkarte der Werte betrachten, kommt Klarheit in unser Leben.

Die drei Grundqualitäten, *Vertrauen oder Liebe, Struktur oder Ordnung, Erkenntnis oder Vision* sind gleichberechtigt und ohne einander nicht denkbar. Denn dort, wo eine davon fehlt, wird unser Handlungsspielraum viel kleiner. Das betrifft alle Bereiche unseres Lebens.

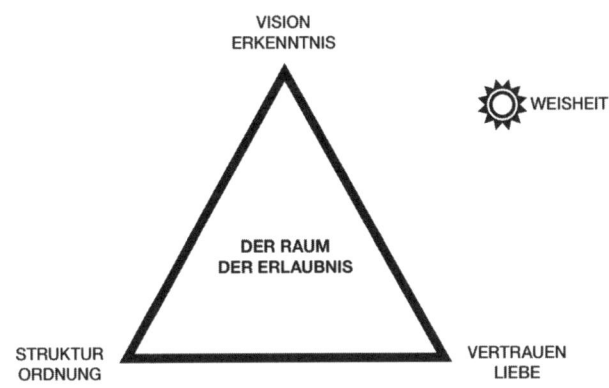

Das Vertrauen: Damit ich mir etwas erlauben kann, brauche ich das Vertrauen, dass ich es schaffen kann. Ich habe zum Beispiel Monate gebraucht, bis ich vertrauen konnte, dass mein Camper die Beziehung zu meinem Mann nicht ruinieren wird.

Die Struktur: Selbst wenn mein Vertrauen bis in den Himmel reicht, brauche ich einen Rahmen für meine Erlaubnis. Was sind die Bedingungen dafür, damit das klappen kann, was ich mir vorgenommen habe. In meinem Camper-Beispiel ist es ein Finanzierungskonzept für ein Gefährt, das mehr kostet, als ich in meiner Geldbörse habe.

Die Vision: Ich kann nicht nach den Sternen greifen, wenn ich nicht weiß, warum. Ich muss mit Herz und Hirn spüren und erkennen, warum ich mir etwas erlauben will. Ohne diesen Motor werde ich nur schwer ans Ziel gelangen. Mein Camper ist ein

Traum, der mich seit meiner Kindheit begleitet, und jetzt kann ich überprüfen, ob ich dieser Vision folgen will.

Es gibt eine Ergänzung zu diesem magischen Dreieck, die Insa Sparrer und Matthias Varga von Kibéd »Die Weisheit« genannt haben. Wenn wir diese drei Qualitäten des Dreiecks mit dem Atem der Weisheit beleben, dann kommt etwas Größeres ins Spiel, das uns dabei unterstützt, kluge Entscheidungen zu treffen.

Falls Sie beim Lesen dieser Zeilen bemerken, dass Ihnen einer dieser Werte unsympathisch ist, dann befinden Sie sich in bester Gesellschaft mit mir in meinem früheren Leben. Ich konnte das Wort »Ordnung« oder »Struktur« nicht ausstehen. Ich fand die Beschäftigung damit entbehrlich und versuchte mich, so gut es ging, daran vorbeizuschwindeln. Ich verstand zwar, dass dieser Begriff für mich einen schlechten Geschmack hat, weil ich als Kind in einem sehr strengen Ordnungssystem aufgewachsen bin, aber es half mir nicht, die Ordnung zu lieben.

Erst Jahre später lernte ich in meiner Ausbildung zur systemischen Beraterin, dass es zwei Ordnungsbegriffe gibt. Meinen persönlichen, der unangenehm besetzt war, und einen, den meine beiden Lehrer »die Ordnung, wie sie ursprünglich gedacht war« nannten. Ohne dieses übergeordnete Prinzip könnte das Universum nicht funktionieren. Jeder Mensch, jedes Tier, jede Pflanze ist ein Wunderwerk an Ordnung. Alles, was unsere Erde ausmacht, braucht Ordnung.

Seither bin ich ein Fan von Struktur und eine leidenschaftliche Verfechterin der Tatsache, dass sie überall dort, wo wir wollen, dass Dinge gut funktionieren, einen wichtigen Platz haben sollte. Denn ohne Ordnung gibt es langfristig auch kein Vertrauen, weil das Chaos ausbricht und Unklarheit entsteht. Und Visionen können ohne Ordnung und Vertrauen nicht überleben.

Doch das magische Dreieck unterstützt uns nicht nur dabei, unsere Träume umzusetzen. Es hilft uns auch zu überprüfen, ob wir niemandem damit schaden.

Wenn wir die Fragen stellen: Missbrauchen wir das Vertrauen anderer Menschen bei unseren Plänen, missachten wir wichtige Ordnungsprinzipien und schadet unsere Vision jemand anderem? Dann können wir, wenn die Antwort »Nein« ist, beruhigt unseren Weg weitergehen. Denn erlauben sollten wir uns besser nur, was ethisch vertretbar ist. Diese Haltung empfiehlt sich, wenn wir eine höhere Ordnung berücksichtigen möchten.

Als ich mit meinem Camper-Erlaubnis-Prozess stark beschäftigt war, traf ich in meiner Heimatstadt zufällig Maggy. Wir sind gemeinsam zur Schule gegangen, und als ich meine Kleinstadt verließ, um in Paris und später in London zu leben, heiratete sie einen angesehenen Zahnarzt, der sie überredete, anstelle eines Studienplatzes sein Angebot als unbezahlte Sprechstundenhilfe anzunehmen. Wir mögen uns trotz unserer unterschiedlichen Lebensentwürfe, und als ich ihr bei einem Kaffee von meinem Camper erzählte, sagte sie empört: »Das kannst du deinem Mann doch nicht antun.«

Also legte ich, als ich nach Hause kam, mein magisches Dreieck auf dem Boden aus und spazierte darin umher.

Missbrauche ich Carls *Vertrauen*, wenn ich mit meinem Camper durch die Lande fahre? – Nein, sicher nicht, ich werde deswegen kein »liederliches« Leben führen und ihm weiter treu sein.

Missachte ich die *Ordnung*? – Nicht jene, wie sie ursprünglich gedacht war. Natürlich kommt es in einem patriarchalischen Denkmodell nicht vor, dass eine Frau, obwohl ihr Mann nicht mitfahren will, sich ein so großes, teures Auto kauft. Doch die Ordnung, wie sie ursprünglich gedacht war, verletzt das nicht.

Schade ich Carl mit meiner *Vision*? – Nein, er kann mit mir kommen, wenn er will. Und ich werde darauf achten, dass wir genug gemeinsame Zeit miteinander verbringen können. Nicht weil ich es muss, sondern weil ich es will. Aus Liebe zu mir und zu ihm.

Für mich war es wichtig, mir die Frage zu stellen: Schade ich meiner Beziehung, wenn ich auf meine Träume verzichte?

Und meine Antwort darauf war ein klares »Ja«.

Empfehlungen zur Arbeit
mit dem magischen Dreieck:

- Zeichnen Sie das Dreieck auf ein Blatt Papier, und schreiben Sie zu jeder dieser drei Qualitäten eine Liste der »Zutaten«, die Sie schon haben, um sich etwas zu erlauben. Fertigen sie auch eine Liste der Dinge an, die Ihnen noch fehlen. Mein Beispiel: Ich hatte das Vertrauen, dass ich den Camper finanzieren konnte, aber mir fehlte das Vertrauen, dass meine Beziehung diesen großen Schritt unbeschadet überstehen kann.
- Überlegen Sie, was Sie brauchen, damit alle drei Qualitäten ähnlich stark präsent sein können.
- Nehmen Sie wahr, dass Sie Ihr Erlaubnisprojekt nicht mit voller Kraft starten können, wenn eine der Qualitäten fehlt.
- Wenn Sie ein visueller Typ sind, falten Sie das Papier so, dass die Qualität, die Ihnen möglicherweise fehlt, nicht zu sehen ist. Dann werden Sie bemerken, dass Ihr Handlungsspielraum sofort kleiner wird und damit Ihr Erlaubnisprojekt schwächt.
- Falls Sie lieber spüren und visuelle Eindrücke nicht Ihre Stärke sind, können Sie die drei Qualitäten auch als gleichseitiges Dreieck mit Zetteln am Boden anordnen. Gehen

Sie dann von einem Wert zum nächsten. Sie werden wahrscheinlich spüren, wo es sich schon gut anfühlt und wo Sie noch Entwicklungspotenzial haben.

- Falls Ihnen eine der drei Qualitäten fremd oder gar unsympathisch ist, befreien Sie diesen Wert von Ihrem persönlichen biografischen Zugang.

- Finden Sie Ihre persönlichen Glaubenssätze, die im Kapitel »Muster im Kopf« beschrieben sind. Die Werte, die für Sie nicht frei zugänglich sind, passen meistens zu Ihren Glaubenssätzen (wie »Ich bin nicht liebenswert«, der das Vertrauen in uns selbst erschüttert).

- Wenn Sie Unterstützung für die Entwicklung Ihres magischen Dreiecks möchten, dann wenden Sie sich an qualifizierte »StrukturaufstellerInnen«. Sie beherrschen alle das Handwerkszeug der »Glaubenspolaritätenaufstellung« nach Insa Sparrer und Matthias Varga von Kibéd.

- Lassen Sie sich mit der Umsetzung Ihrer Erlaubnis so lange Zeit, bis Sie alle drei Qualitäten in Ihr Leben einladen konnten.

- Sollte Ihnen das nicht glücken, überprüfen Sie, ob das, was Sie sich erlauben möchten, Ihnen wirklich guttun wird.

- Zur Vertiefung in Strukturaufstellung empfehle ich als Lektüre:
  - Renate Daimler, Insa Sparrer und Matthias Varga von Kibéd: Basics der Systemischen Strukturaufstellungen. Eine Anleitung für Einsteiger und Fortgeschrittene, München 2008

Der Mut und das Scheitern

Der Mut hat eine Zwillingsschwester, das ehrenwerte Scheitern. Ich wusste lange nicht, dass sie nur im Doppelpack zu haben sind, und weil ich den Zwilling nicht mochte, sind manche meiner Träume nicht in Erfüllung gegangen. Inzwischen bin ich mit beiden befreundet und hätte mir, mit ihnen im Handgepäck, schon früher manche Schwierigkeiten ersparen können.

Ja, es kann sein, dass ich mit meinem teuren Camper, den ich mir vielleicht bestelle, eine Fehlentscheidung treffe. Ja, es wäre peinlich, wenn ich meiner Familie und meinen Freunden gestehen müsste, dass mein gewagtes Nomadinnen-Projekt schiefgegangen ist. Aber wenn ich den Mut nicht aufbringe, dieses Wagnis einzugehen, dann muss ich einen Traum begraben, der mich belebt und mich glücklich macht.

Und wenn der Traum eine Seifenblase war, die im Alltag zerplatzt?

Dann habe ich eine Zeit lang wunderbar geträumt und mit Seifenblasen gespielt. Wir spielen als Erwachsene ohnehin viel zu wenig. Den Camper zurückgeben kann ich noch immer. Es wird mich nicht ruinieren.

Das Schöne ist, seit ich meine Furcht überwunden habe und so mutig bin, mir etwas finanziell und emotional Großes zu erlauben, fließt meine Energie und damit auch das Geld. Ich bin so kreativ und erfolgreich wie schon lange nicht mehr.

Mein Urteil über andere, die weniger mutig sind als ich jetzt, habe ich mir längst abgewöhnt. Zu viele Umwege bin ich selbst gegangen, zu oft habe ich mich nicht getraut und später die Rechnung für meine Scham vor dem Scheitern bezahlt.

Die Erinnerung daran berührt mich.

Da war ein Mann. Er war charismatisch, ausgesprochen sexy und mehr als ein Jahrzehnt älter als ich. Doch was interessiert das eine junge Frau von dreißig Jahren. Er hatte einen silbergrauen Mercedes mit gut riechenden Ledersitzen, und ich war ein Mädchen, das sich unbewusst nach einem Ersatz für seinen strengen Vater sehnte. Meine Eltern fanden ihn unpassend, und das allein war Grund genug, warum ich ihn richtig gut fand.

Als ich bemerkte, dass mein Herz sich für diese Beziehung nicht eignete, liebte ich ihn bereits. Vor allem seinen Charme, sein Charisma und seine Leichtigkeit. Die Verbindlichkeit und Sicherheit, die ich vermisste, ignorierte ich. Er war meine zweite wirklich ernsthafte Beziehung, und ich wollte, dass das so blieb. Ich wollte der Welt beweisen, dass ich nicht nur ein flatterhafter Schmetterling war. Ich hätte vielleicht gehen und mein Scheitern akzeptieren sollen. Aber damals wusste ich noch nicht, dass Scheitern nicht den Weltuntergang bedeutet, und sagte meinem Herz lieber, es solle sich warm anziehen.

Ich blieb also und heiratete Peter. Er hatte viele Qualitäten, aber nicht unbedingt solche, die sich für eine glückliche Ehe eignen. Wir waren einem Alltag, der auf so vielen Ebenen forderte, sich einzulassen, nicht gewachsen. Ich wollte immer alles im Detail bereden, er fand diese Diskussionen mühsam. Ich wollte, dass wir viel gemeinsam machen, er war ein einsamer Wolf und brauchte kein Rudel. Für mich war Treue wichtig, für ihn die Freiheit. Als das nach der Hochzeit immer deutlicher wurde, blieb ich dennoch.

Dann kamen unsere wunderbaren Kinder. Und heute weiß ich, dass ich unbewusst bleiben wollte, damit diese unglaublichen Wesen genau von uns beiden gezeugt und von mir geboren werden konnten.

Wäre ich damals wirklich mutig gewesen, hätte ich mir erlaubt, den Vater meiner Kinder zu verlassen, weil ich als Frau unglücklich war. Den Unterschied zwischen der Paar- und der Elternebene kannte ich damals noch nicht. Ich wusste nicht, dass wir uns als Mann und Frau hätten trennen können und als Mutter und Vater für immer verbunden geblieben wären. Heute sind wir das auf eine gute Weise.

Damals war ich nicht so mutig. Ich habe mein Unglück und das ehrenwerte Scheitern so lange ignoriert, bis mein Körper mir eine Nachricht nach der anderen schickte. Von der Nierenbeckenentzündung bis zum Hautausschlag erinnerte mich meine Seele daran, dass es Zeit war für Veränderung. Denn manchmal, wenn unsere Hüter und Hüterinnen im Universum die Nase voll haben von unserem zögerlichen Greifen nach dem Glück, dann bitten sie den Körper um Hilfe. Er zeigt uns dann, dass wir uns die Erlaubnis zu einem mutigen Leben geben müssen, wenn wir gesund bleiben wollen.

Als ich endlich den Mut aufbrachte, mich zu trennen, war der Zeitpunkt für den Vater meiner Kinder mehr als bitter. Ich ging, weil ich es nicht mehr aushielt, als er mich ganz besonders gebraucht hätte. Und ich verstand damals, dass wir nicht nur uns selbst, sondern auch anderen schaden, wenn wir es nicht schaffen, rechtzeitig zu unserer Wahrheit zu stehen. Ich dachte viel zu lange, dass all das, was in unserer Beziehung schiefgelaufen war, nur Schürfwunden waren, die mit der Zeit wieder verheilen würden. Ich erlaubte mir nicht zu bemerken, dass meine Liebe längst zerbrochen war. Und niemand traf daran die Schuld. Wir hatten beide etwas gesucht, was wir in unserer Beziehung als Frau und Mann nicht finden konnten.

Ich kann mich nicht dafür verurteilen, dass mir der Mut zur

Trennung so lange gefehlt hat. Ich komme aus einer Kindheit, in der ich gelernt habe, dass ich mich mutig gegen Autoritäten stellen darf, wenn sie Unrechtes tun. Das konnte ich schon immer gut. Ob es die frauenfeindliche Unternehmenspolitik meiner Firma oder die Verschandelung eines Parks durch Geschäftsinteressen war, ich bin immer aufgestanden und habe meine Stimme erhoben. Das habe ich von meinem Vater gelernt. Was ich nicht gelernt habe, ist, dass ich auch mutig sein darf, wenn mir jemand nahesteht. Die Angst, nicht mehr geliebt zu werden, war größer als der Wunsch, für mich selber einzustehen. Ich habe nicht verstanden, dass genau dieser Mut am wichtigsten ist, weil Beziehungen sonst an der Unehrlichkeit zerbrechen.

Und niemand hat mich darin bestätigt, dass es in Ordnung ist, zu scheitern. Versagen war mit Scham behaftet und kam nicht infrage, denn es bedeutete Liebesentzug und das Gefühl, ausgeschlossen zu werden. So war mein Gehirn konditioniert.

Heute bin ich mutiger als je zuvor. Es war ein langer Prozess, in dem die Angst mich immer wieder eingeholt hat. Doch jedes Mal habe ich sie nach dem ersten Schreck freundlich begrüßt und sie gebeten zurückzutreten, weil sie jetzt nicht gebraucht wird.

Wenn wir uns erlauben, mutig zu sein, fördern wir nicht nur unsere Kreativität und Lebendigkeit. Der Mut verhilft uns auch zu innerem Frieden. Ich stehe auf und erhebe meine Stimme nicht nur für andere, sondern auch für mich selbst.

PS: Wofür ich dankbar bin: Der Vater unserer Kinder hat mich immer ermutigt, mein Schreiben zum Beruf zu machen. Dass ich heute Autorin bin, verdanke ich auch ihm.

Empfehlungen

- Der Mut und das Scheitern gehören zusammen. Schließen Sie Freundschaft mit beiden, dann wird das Scheitern zur wertvollen Erfahrung, aus der Sie lernen.
- Lassen Sie sich Ihren Mut nicht kleinreden. Umgeben Sie sich lieber mit Menschen, die Sie unterstützen.
- Was ist das Schlimmste, was passieren könnte, wenn Sie mutig sind? Stellen Sie sich dem Gefühl und den möglichen Folgen.
- Fürchten Sie sich nicht vor der Angst. Gehen Sie ihr entgegen und begegnen Sie ihr mutig.
- Jede Situation, in der Sie Ihre Angst überwinden, macht Sie stärker.

Die Dankbarkeit

Meine Eltern waren dankbare Menschen. Dankbar dafür, dass sie den Krieg überlebt haben, obwohl ihre Fotoalben voll sind mit verstorbenen Freunden in Uniform. Dankbar dafür, dass sie, als eine Bombe am letzten Kriegstag ihr Haus vollständig zerstörte, nicht zu Hause waren.

Ich war kein besonders dankbares Kind, weil es für mich genug zu essen gab und Frieden selbstverständlich war. Was Dankbarkeit wirklich bedeutete, lernte ich erst als Erwachsene. Zuletzt in einer ganz neuen Tiefe, nachdem ich erfahren hatte, dass meine Augen in Gefahr waren zu erblinden. Da wurde mir bewusst, wie dankbar ich bin, dass ich die Erkrankung stoppen und weiter gut sehen kann.

Bis zu jenem Tag war mein klarer Blick in die Welt für mich eine Selbstverständlichkeit. Jetzt schaue ich aus unserem Wohnzimmerfenster auf den kleinen See, nehme jede Farbschattierung des Wassers und der Bäume wahr und spüre ein tiefes Glück über so viel Schönheit. Ich wandere durch unseren Garten und bin überwältigt von der perfekten Harmonie jeder einzelnen Pflanze. Ich sitze still im Wald und kann mich nicht sattsehen an den vielen Grüntönen der Blätter.

Dankbarkeit macht glücklich. Dieser Satz, den wir alle kennen, hat heute eine ganz neue Bedeutung für mich. Die Buchläden sind voll mit Ratgebern, die uns sagen, wie wichtig es ist, dankbar und zufrieden zu sein. Dass wir leben, dass wir atmen, dass die Sonne so schön aufgeht, dass der Wind Musik in den Bäumen macht, dass jemand uns ein Lächeln schenkt, dass wir genug zu essen haben, dass der Krieg in seiner grausamsten Form woanders stattfindet … Doch was das wirklich bedeutet, spüren wir besonders dann, wenn wir uns auch vorstellen können, wir hätten das, wofür wir dankbar sein können, verloren.

Ich liebe dieses Gefühl von Dankbarkeit in mir, und doch vergesse ich es manchmal wieder. Speziell an Tagen, wo etwas schiefläuft. Da genügt es, dass mir jemand eine ungerechte Kritik um die Ohren knallt. Und obwohl ich fünfundneunzig Prozent positives Feedback in diesem einen Seminar bekommen habe, steige ich sofort in die Negativspirale ein und wälze mich in düsteren Gedanken.

Dann erlaube ich dem Ärger, dass er meine Zellen vergiftet, schiebe mein Problem von A nach B und wieder zurück und widme ihm manchmal mehrere Stunden.

Inzwischen hat mir die Hirnforschung gezeigt, dass ich meine alten Programmierungen auch verändern kann, und lässt meine Entschuldigung, dass mein Gehirn so gerne Gedankenmüll sammelt und darauf besteht, altes Leid aufzurufen, nicht mehr gelten. Doch das Verlassen der alten Spuren ist so neu und ungewohnt, dass ich ihm dabei unbedingt helfen muss. Das braucht Bewusstheit und ein Stoppschild, weil es leichter ist, mich im Negativen zu verlieren.

Also übe ich mich schon am Morgen darin, mich bewusst an meine Dankbarkeit zu erinnern. Danke, dass unser kleines Haus so gemütlich und schön ist, danke, dass ich mit meinem Mann gesund am Frühstückstisch sitze, danke, dass ich meine Kinder liebe und sie mich, danke, dass mein tapferer, braver Körper so wunderbar alt wird, danke, dass meine Freunde für mich da sind und ich für sie … Und bei jedem Dank spüre ich, wie gut es mir tut, mein Leben wunderbar zu finden.

Empfehlungen

- Dankbarkeit ist das Glück des Augenblicks.
- Sie ist besonders an schwierigen Tagen ein Hilfsmittel, schnell wieder in eine bessere Stimmung zu kommen.
- Vergessen Sie dabei nicht, auch sich selbst dankbar zu sein.
- »Das habe ich gut gemacht, und dafür danke ich mir«, sollte zu einem der beliebtesten Satzbausteine in unserem Gehirn werden.
- Bedanken Sie sich, so oft Sie können. Beim Bäcker, der die Brötchen macht, beim Mann, der den Müll abholt, bei Ihrer Familie, bei Ihren Freunden, bei Ihren Geschäftspartnern.
- Auch bei Ihren Feinden sollten Sie sich bedanken. Denn jede schwierige Situation, jeder Mensch, der auf Ihrem Weg negative Spuren hinterlässt, helfen Ihnen, sich weiterzuentwickeln.
- Lesen Sie dazu auch das Kapitel »Erlaubnis im Kopf« und »Gesundheit im Kopf«.

- Bücher, die ich empfehle:
  - Hans-Otto Thomasdorf: Ich suchte das Glück und fand die Zufriedenheit, München 2014

Die Geschichte vom Camper 9

»Dein Problem ist Jammern auf hohem Niveau. Die meisten Menschen können sich sowieso keinen Camper leisten, und du breitest dich hier in allen Details mit deinen extravaganten Schwierigkeiten aus.« Die Kritik sitzt und bringt mich ins Schleudern. Wer sagt das? Meine innere Kritikerin! Sie zieht aus meinem kunstvoll gebauten Turm aus Mikadostäbchen ganz unten eines heraus. Vor mir liegt ein Trümmerhaufen.

»Aber es geht doch gar nicht um den Camper«, versuche ich mich zu rechtfertigen, »es geht darum, dass wir alle, wenn wir unseren Träumen folgen wollen, auf Hindernisse stoßen. In unserem Inneren, aber auch draußen. Und es gibt Menschen, die ihre Träume nicht einmal kennen, weil sie schon in ihrer Kindheit verschüttet worden sind. Ich möchte dem roten Faden folgen, der sich durch viele Entscheidungsprozesse der Erlaubnis zieht. Ich möchte Menschen ermutigen, nicht aufzugeben, ich möchte sie darin bestärken, das Beste für sich selber zu wollen und dafür einzustehen. Ich möchte ihnen Mut machen, dass es besser ist, manchmal Angst zu haben, als ein Leben lang die eigenen Träume nicht zu verwirklichen.«

Meine innere Kritikerin ist noch nicht überzeugt. »Das sagst du. Aber werden deine Leserinnen und Leser das auch so sehen? Oder wirst du als verwöhnte Luxusbiene abgestempelt, die sich eine Luxuskarre kaufen will?"

Jetzt brauche ich Maria. Sie liest gemeinsam mit meiner Freundin Elke alle meine Texte. Wir kennen und lieben einander, seit unsere Kinder gemeinsam in der Grundschule waren, und ich kann mich auf ihre Ehrlichkeit verlassen.

»Ich habe mich«, sagt Maria, als ich sie anrufe, »bei deinen Texten an vielen Stellen wiedererkannt. Und nicht nur mich, auch andere Frauen und Männer in meinem Umfeld. Sie werden verstehen, worum es dir geht, weil auch sie darum ringen, ihre Träume zu leben, weil auch sie ihre Ängste spüren, wenn sie alte, vertraute Spuren verlassen wollen. Dein Camper ist doch nur ein Symbol für die Sehnsüchte und Wünsche, die jede und jeder von uns hat. Viele von uns haben ihre Träume begraben, weil sie es nicht gewagt haben, sich der Kritik in ihrem Inneren und im Äußeren zu stellen. Es wird Zeit, dass du deinen eigenen Weg anerkennst, dass du deinen Mut, mit dem du immer wieder vorangehst, würdigst.«

Ich lege mit einem innigen Dank den Telefonhörer auf, ziehe meine Joggingschuhe an und spaziere zu dem Platz am See, von dem aus ich auf der anderen Seite des Wassers auf unser Haus sehen kann. Die Biber haben für mich einen Baumstamm gefällt, auf den ich mich gerne setze und nachdenke.

Ich habe immer Angst gehabt, wenn ich mein Leben verändern wollte. Aber ich habe es immer wieder getan und bin durch den Fluss der Wandlung geschwommen. Ich habe sichere Jobs gegen Unsicherheit und mehr Freude eingetauscht, mich getrennt, wenn eine Liebe zu Ende war, vertraute Spuren verlassen und mir neue Wege erschlossen. Die Angst war immer dabei. Aber auch der Mut und die Zuversicht, dass mein Leben lebenswerter wird, wenn ich es wage.

In mir taucht eine Szene auf, die fünfzig Jahre zurückliegt. Ich verlasse Bregenz, meine Heimatstadt. Ein junges Mädchen, gerade siebzehn Jahre alt, auf dem Weg in ein eigenes Leben. Ohne den Segen der Eltern. Sie wollen mich zurückhalten. Heute weiß ich, dass sie Angst um mich hatten, um dieses lebenslustige Wesen, das so unbekümmert von dannen zieht.

Mein Vater machte einen letzten Versuch, mich aufzuhalten: »Ich werde ein Auge auf dich haben, wenn du jetzt gehst, aber ich werde dich nicht unterstützen.« Meine Mutter hat es nicht gewagt, ihm zu widersprechen.

Ich habe den Satz bis heute nicht vergessen. Er hat wehgetan, und gleichzeitig wusste ich schon damals, dass er nicht stimmte. Mein Vater hat mich nie in dem bestätigt, wer ich bin, aber gleichzeitig spürte ich, dass er mich überall auf der Welt holen und retten würde, wenn ich wirklich in Gefahr wäre. Doch das war es nicht, wonach ich mich damals sehnte.

Ich wollte seine Liebe und Bestätigung und verstand nicht, dass diese Warnung seine Form von Liebe war. Und dass er mir mit seinem »Ich werde ein Auge auf dich haben« auf seine Weise sagen wollte: Ich werde immer für dich da sein, auch wenn du nicht den Weg gehst, den ich für dich vorgezeichnet habe.

Wie ich da so auf dem Baumstamm sitze und auf unser Haus am anderen Ufer schaue, das ich mir mit Carl, meinem Mann, erschaffen habe, weiß ich, dass ich auch diesmal meinen Weg gehen werde. Und wenn meine Angst auftaucht, dann werde ich sie begrüßen und ihr sagen: »Dich kenne ich schon lange, und du darfst immer kommen, wenn ich wirklich in Gefahr bin. Doch jetzt bitte ich dich, mir aus dem Weg zu gehen.«

Und da fällt mir noch etwas ein, was in meiner Erinnerung völlig verschüttet war: Mein Vater hatte sich immer einen Camper gewünscht! Er wollte, als er nach einem arbeitsreichen Leben endlich in Rente ging, mit meiner Mutter durch Europa fahren und all die Länder sehen, die er nicht kannte. Er wollte eine neue Erinnerung auf die Wege legen, die er zu Fuß aus Russland bis an den Bodensee mit blutigen Füßen und Hunger im Bauch als junger Mann gegangen war. Er hat sich seinen Traum nie erfüllt.

Auch dir zu Ehren, Papa, sage ich – und weiß, dass er mich hört –, werde ich mir jetzt einen Camper kaufen. Und zum ersten Mal in meinem Leben werde ich dich als Verbündeten haben, wenn ich etwas »Unvernünftiges« tue.

Fortsetzung auf Seite 212

Die Achtsamkeit

All jene, die in ihrem Alltag häufig meditieren oder andere Übungen zur Zähmung ihres Geistes durchführen, können diesen Text überblättern. Er ist für uns gedacht, die wir uns damit schwertun.

Das Wort Achtsamkeit war für mich immer schon so groß und gewichtig, dass ich mich davon erschlagen fühlte. Umso mehr, als es in meiner Umgebung von achtsamen Menschen nur so wimmelte. Sie meditierten, sie verbrachten viel Zeit in der Stille und waren mir darin so überlegen, dass ich mich ständig unzulänglich fühlte. Das Einzige, was mich wunderte, war, dass manche dieser Menschen von ihrem Meditationskissen aufstanden und sich dann im Alltag nicht besonders achtsam verhielten.

Doch ich hatte wenig Zeit, mir über meine mangelhafte Praxis der Achtsamkeit Gedanken zu machen. Ich war eine alleinerziehende Mutter von zwei kleinen Kindern, und mein Hauptaugenmerk lag darauf, sie zu lieben, zu ernähren und zu beschützen.

Als meine Kinder nach einigen Jahren in eine Ganztagsschule gingen, hatte ich plötzlich ein paar Augenblicke mehr in meinem Leben zur Verfügung, und mein Mangel an Achtsamkeitsübungen fiel mir wieder auf.

Also besuchte ich meine spirituelle Lehrerin Irene, die mich seit Jahrzehnten durchs Leben begleitet, und beschwerte mich bei ihr über mich.

»Vergleiche dich nicht mit anderen«, sagte sie damals. »Diese Minuten, nachdem du deine Kinder vor dem Schultor abgeliefert hast, dich auf einen Stein im nahen Wald setzt und ganz bei dir bist, sind genauso kostbar wie die Stunden, die jemand in einem Meditationsraum verbringt.«

Seither habe ich ein entspanntes Gefühl beim Thema »Achtsamkeit«. Wenn ich über den kleinen See, an dem unser Haus steht, schwimme und am anderen Ufer zwischen wilden Seerosen still werde, dann komme ich ganz zu mir.

Und wenn ich im Winter zu meinem Platz im Wienerwald wandere, der hinter unserem Haus beginnt, und mich an »meinen« starken Baum lehne, dann bin ich ganz bei mir. Der kleine Engel, den ich in eine Vertiefung bei seinen Wurzeln gesetzt habe, unterstützt mich dabei.

Und wenn ich im Auto nach Wien im Morgenstau stehe und ganz entspannt in mein Inneres schaue, dann kommt der Frieden zu Besuch und macht mein Fluchen über die anderen »Idioten« überflüssig.

Und selbst im Supermarkt, wenn ich am Ende einer langen Schlange an der Kasse stehe, gelingt es mir manchmal, die Zeit für eine innere Einkehr zu nutzen. Dann spüre ich den Atem des Universums und bin damit einverstanden, dass ich anders bin. Dass meine Form von Achtsamkeit in kleinen Schritten stattfindet und dennoch genauso Gültigkeit hat wie jede andere.

Und was ich auch noch verstanden habe: Achtsamkeit ist das Gegenteil von Gedankenlosigkeit. Und je mehr ich in meinem ganz normalen Alltag meine Gedanken und Handlungen reflektiere, desto mehr spüre ich, wie gut mir das tut. In jedem Gespräch, in jeder Situation, in jedem Moment meines Lebens, wenn ich kurz innehalte, ruhig werde und mich beobachte, entspannen sich mein Körper, mein Geist und meine Seele.

Und immer besser verstehe ich, dass wir alle diesen inneren Raum der Achtsamkeit in uns tragen. Wir können ihn aufsuchen wie eine Oase, die uns labt. Was wir dazu brauchen, ist stilles Innehalten.

Unser Gehirn wird es uns danken. Es mag Multitasking nicht. Diese Vielfalt an Gedanken, die wir ihm zumuten, raubt ihm unnötig Energie. Jedes Mal, wenn ich mich aus dem Augenblick entferne und nicht ganz bei dem bin, was ich gerade tue, verhindere ich ein Stück Lebensqualität. Eine gute Zeit und echter Genuss funktionieren nur mit Achtsamkeit. Dann schmecke ich meinen Morgenkaffee und bin in Gedanken nicht schon bei meinem ersten Termin, dann sehe ich bei meinem Morgenspaziergang, dass die Wolken Gesichter haben und lasse mich auf ein gutes Gespräch mit meiner Nachbarin ein. Der buddhistische Wunsch: »Mögen alle Wesen glücklich sein« und damit natürlich auch ich selbst, glückt nur mit Achtsamkeit.

Innehalten ist Labsal für Körper, Geist und Seele.

Die beste Art und Weise, wie es gelingen kann, unseren unruhigen Geist zu zähmen und so oft wie möglich den Augenblick zu genießen, muss jeder Mensch für sich selber herausfinden.

Die jahrtausendealte Praxis der buddhistischen Meditation, die in vielen Formen gelehrt wird, kann ein guter Weg sein. Oder auch nicht, wenn uns längeres Stillsitzen schwer fällt. Vielleicht finden wir dann im stillen Gehen unseren inneren Frieden oder im entspannt auf einem Hügel sitzen und übers Land schauen…

Der wichtigste Moment in unserem Leben ist »Jetzt«.

Das können wir von den kleinen Kindern lernen. Sie wissen noch intuitiv, ehe sie lernen Leistungen zu erbringen, dass die Hingabe an den Augenblick das Einzige ist, was zählt.

Achtsamkeit fängt bei den kleinen Dingen an, die in Wirklichkeit groß sind. Wie esse ich, was denke ich, wie gehe ich mit mir und meinen Mitmenschen um? Wie nütze ich die vielen Augenblicke, die sich täglich anbieten? Und lade ich oft genug die Stille in mein Leben ein, damit der Atem des Größeren für mich spürbar wird?

Achtsamkeit ist keine Leistung. Sie ist eine Haltung, um die wir uns täglich bemühen dürfen, wenn wir uns ein gutes Leben erlauben wollen.

Empfehlungen

- Achtsamkeit ist die Schwester des inneren Friedens.
- Finden Sie Ihre ganz eigene Form, Ihre Gedankenflut wahrzunehmen und sie vorüberziehen zu lassen.
- Alles was zählt, ist der jetzige Augenblick.
- Vielleicht geht es für Sie um Innehalten für ein paar Sekunden oder um das Stillsitzen für eine längere Zeit. Erlauben Sie sich, Ihren ganz eigenen Weg der Achtsamkeit zu entdecken.
- Falls Sie scheitern, heißt das nur, dass Sie Ihre Form noch nicht gefunden haben. Probieren Sie weiter verschiedene Wege aus, die Sie zu sich selber bringen.
- Lassen Sie sich von AchtsamkeitslehrerInnen helfen, wenn Sie das Gefühl haben, dass Sie Ihren Weg noch nicht gefunden haben.
- Wenn das auch nicht klappt, geben Sie nicht auf. Es gibt immer einen Weg für Sie, der genau Ihren Bedürfnissen entspricht.

- Vergleichen Sie sich nicht mit anderen. Das Glück liegt darin, Ihren ganz eigenen Weg der Achtsamkeit zu finden.

- Bücher die ich empfehle:
  - Jon Kabat-Zinn, Achtsamkeit und Meditation im täglichen Leben, Freiburg 2007
  - Jon Kabat-Zinn, Achtsamkeit für Anfänger, Freiburg 2013
  - Eckhart Tolle, Jetzt! die Kraft der Gegenwart, Bielefeld 2010

Die Stille und die Intuition

»Genieße für einen Augenblick die Stille, damit du hören kannst, was dein Inneres dir sagen will.«

Es ist mein Satz, gerade habe ich ihn gesprochen, am Anfang meines Seminartags »Ich bin das Projekt«, damit die Menschen, die zu mir kommen, ihre wahren Bedürfnisse erfahren können. Denn vor der Erlaubnis brauchen wir die Erkenntnis, was wir wirklich wollen – ohne dabei danach zu schielen, für wen wir unser eigenes Leben handlich zurechtzimmern könnten.

Und heute, einen Tag später, an diesem geruhsamen Sonntag, der mir gehört, merke ich, dass ich selber einen weiten Weg gegangen bin.

Die Stille war früher meine Feindin. Ich mochte sie nicht und unternahm alles, damit sie keine Chance hatte, in meinem Inneren ein Zimmer zu bewohnen. Es war mir nicht bewusst, aber ich hatte Angst vor ihr. Angst, dass all das, was ich unter meiner fröhlichen, pflegeleichten Oberfläche gut verschlossen hielt, sich Raum nehmen könnte.

Also umgab ich mich mit einer Dauergeräuschkulisse, die mich vor mir selber schützte. Ich traf Freunde in lauten Restaurants oder lud sie in meine Junggesellinnenwohnung ein. Ich ging häufig ins Kino und vor dem Einschlafen las ich in einem spannenden Roman, damit ich sicher nicht auf tiefere Gedanken kam. Und wenn ein Liebhaber an meiner glänzenden Oberfläche kratzen wollte, verließ ich ihn.

Der Tag, an dem ich plötzlich mit meinem Inneren konfrontiert wurde, war ein Urlaubstag in Bali. Der Mann, der mir empfahl, »magic mushrooms«, eine natürliche pflanzliche Droge, zu nehmen, gefiel mir, und ich dachte mir nichts dabei, an seiner Party am Strand teilzunehmen. Damals, in dieser Zeit der Hippies, gehörte es dazu, solche bewusstseinserweiternden Erfahrungen zu machen.

Der Himmel war sternenklar, und ich legte mich, nachdem ich mein Pilzomelett in einem kleinen Restaurant mit meinen neuen Freunden gegessen hatte, etwas abseits an den Strand. Und weil ich groß und gefräßig war, hatte ich eineinhalb Portionen der im Teig verpackten Droge gegessen.

Das wurde mir zum Verhängnis, denn plötzlich war es ganz still in mir. Für einen Augenblick war ich eins mit dem Universum und hatte das Gefühl, dass die Sterne meine Geschwister sind. Doch plötzlich explodierte in meinem Körper der Schmerz. Er war so überwältigend und überraschend, dass mir zuerst die Luft wegblieb und dann strömten Tränen aus mir – stundenlang. Ich weinte, weil ich zutiefst einsam war und mich selbst verloren hatte, ich weinte, weil es in mir einen großen, bisher unentdeckten See an ungeweinten Tränen gab, die endlich abfließen wollten.

Damals habe ich gelernt, dass ich die Stille brauche, wenn ich mich selbst erfahren und ganz bei mir sein möchte.

Mit dieser Erkenntnis kehrte auch etwas zurück, was ich bis dahin gar nicht vermisst hatte: die Intuition. Wir werden alle mit dieser Fähigkeit geboren, die auch »Bauchgefühl« genannt wird, weil sie von einer Ebene kommt, die außerhalb unseres Alltagsbewusstseins liegt.

Ich hatte meine Intuition schon als Kind verloren. Ich spürte viel, was sich unter der Oberfläche abspielte, aber in unserem Familienleben gab es dafür keine offizielle Entsprechung oder Benennung, sodass sich in mir der Glaubenssatz entwickelte: »Ich bin nicht richtig, wie ich bin.« Also gewöhnte ich mir dieses Spüren ab, weil es zu leidvoll war, mich immer falsch zu fühlen.

»Die Intuition ist ein göttliches Geschenk. Der denkende Verstand ein treuer Diener«, schrieb Albert Einstein. »Es ist paradox, dass wir heutzutage angefangen haben, den Diener zu verehren und die göttliche Gabe zu entweihen.«

Mein Problem war, dass ich den Verstand auch nicht mochte, weil mir schon als Kind immer gesagt wurde, dass ich vernünftig sein soll, weil ich die Ältere bin.

Also hörte ich weder auf meinen Bauch noch auf meinen Verstand und folgte stattdessen lieber meiner wilden Rebellin. Die geriet oft außer sich, lebte wild und gefährlich und sprang, bevor sie nachdachte. Ich muss viele Schutzengel gehabt haben, dass ich meine jungen Jahre in Paris und London überlebt habe, ohne Schaden zu nehmen.

Mir fehlte das Gespür, was wirklich gut für mich ist, und weil meine innere Stimme lange schwieg, machte ich ziemlich viel Blödsinn. Damals hat der Mann, der die Poststelle im Austrian National Tourist Office betreute, in dem ich arbeitete – für mich in meiner Jugendlichkeit ein weiser Alter mit seinen fünfzig Jahren –, es auf den Punkt gebracht: »Tiny, you can't burn a candle at both ends.« (Kleine, du kannst eine Kerze nicht von beiden Seiten anzünden.)

Als ich in Bali zum ersten Mal die Stille kennenlernte und bald darauf meine Intuition wieder auftauchte, holte ich eine große Schaufel, die sich Selbsterfahrung nennt, und begann den Schutt, der sich in den Jahren meiner »Bewusstlosigkeit« angesammelt hatte, abzutragen.

Inzwischen sind die Stille und ihre kluge Schwester, die Intuition, meine wichtigsten Begleiterinnen. Und manchmal, wenn ich im Gewühl meines geschäftigen Lebens vergesse, ihnen genug Raum zu geben, dann werde ich unzufrieden und fühle mich nicht mehr wohl.

»Der Geist ist wie ein wildes Pferd. Wir versuchen ihn zu zügeln, aber er bleibt nicht an einem Ort. Er bäumt sich vielmehr auf und galoppiert ungestüm von einer Sache zur nächsten.« So, wie in dieser Beschreibung in Sakyong Miphams Buch *Wie der weite Raum*, fühle ich mich, wenn ich erlaube, dass meine Gedanken und Handlungen unkontrolliert mit mir durch meinen Alltag galoppieren. Spätestens dann wird es Zeit für mich, innezuhalten und mir wieder ein gutes Zuhause in mir selbst zu geben.

Ich brauche die Stille, damit ich mich im Raum meiner Erlaubnis sicher bewegen kann. Ob ich sie an der Autobahnraststätte zu mir einlade oder auf meinem Sofa im Wohnzimmer, ist nicht so wichtig. Mein heiligster stiller Raum ist die Natur. Dort finde ich am besten wieder zu mir, wenn ich mich verloren habe. Und wenn ich dann ganz bei mir bin, spüre ich wieder mein Angebundensein an etwas Größeres, an diese Qualität des Göttlichen, das in mir wohnt.

Empfehlungen

- Die Stille ist der Boden, auf dem unsere Intuition und damit die Erlaubnis gut gedeiht.
- Sie können nur wissen, was Sie sich wirklich erlauben möchten, wenn Sie auf Ihre innere Stimme hören.
- Der vermeintliche Zeitverlust, der entsteht, wenn wir einfach still dasitzen und auf unser Inneres hören, ist ein Beschleuniger für gute Entscheidungen.
- Nehmen Sie sich Zeit für Ihren Aufenthalt in Ihrem stillen

Raum. Wo er sich befindet, ist gleichgültig. Sie können ihn auch mit etwas Übung auf einem lauten Platz finden, denn unsere Intuition ist unabhängig vom Lärm da draußen.

- Bücher, die ich empfehle:
  - Sakyong Mipham: Wie der weite Raum. Die Kraft der Meditation, München 2005
  - Eckhart Tolle: Stille spricht. Wahres Sein berühren, München 2003
  - Thich Nhat Hanh: Ich pflanze ein Lächeln, München 2007

Die Freude

Meine Eltern konnten sich freuen. Nach einer harten Woche, die dem gemeinsamen Geschäft gehörte, sind sie mit uns auf den nahen Berg oder ins Schwimmbad am See gewandert. Dann gab es viel Gelächter und ein großes Picknick mit Schnitzel und Kartoffelsalat. Eine meiner schönsten Kindheitserinnerungen ist der Jubelschrei meiner Mutter, wenn es ihr gelang, beim Tennismatch im entscheidenden Moment einen Ball in die Ecke innerhalb der Linie zu platzieren.

Aber war die Freude Hauptzweck im Leben meiner Eltern? Auf keinen Fall! Sie mussten funktionieren, das war wichtiger als alles andere.

Die Frage, ob ich das anders machen darf, brachte mich ganz schön ins Wanken. Meine Muster im Kopf sprachen dagegen. Die Sätze aus meiner Kindheit: »Nur wer arbeitet, darf essen« und »Zuerst die Arbeit, dann das Vergnügen« waren tief in mein Gehirn eingegraben.

Doch warum sollte ich nicht aus Liebe zu mir ganz radikal anders denken und handeln dürfen und einfach nur noch das tun, was mir Freude macht? Dann bräuchte ich zum Beispiel diese Unterscheidung zwischen Arbeit und Vergnügen gar nicht mehr, die ich aus meiner Kindheit so gut kenne.

Und wenn ich diese revolutionäre Idee in meinem Alltag umsetze, würde ich mich nicht leichter bei den Entscheidungen tun, was ich mir erlauben möchte und was lieber nicht?

Die Freude war schon immer eine wichtige Qualität in meinem Leben. Sie hat mich selbst dann begleitet, wenn es wenig Erfreuliches für mich gab. Die Bilder von Freude und Leid ganz eng nebeneinander sind so stark in meine Erinnerung eingegraben, dass ich sie nie vergessen werde.

Es ist ein strahlender Tag an der Kieler Außenförde. Unser Wohnmobil steht auf einem Campingplatz an den Klippen in der begehrten ersten Reihe. Meine Kinder und ich haben hier viele Sommer verbracht.

Es ist früher Nachmittag, als ich aus der Stadt zurückkomme. Ich habe meinen damaligen Mann besucht, der in der Justizvollzugsanstalt auf ein faires Verfahren wartet. Das, was ihm vorgeworfen wird, hat er nicht getan, und gleichzeitig weiß ich, dass der Ausgang dieser Geschichte mehr als ungewiss ist.

Ich bin jedes Mal bedrückt, wenn sich das Tor der Anstalt wieder hinter mir schließt.

Als ich auf unseren Campingplatz zurückkomme, finde ich Elke und Hilde, meine beiden Freundinnen und treuen Begleiterinnen in diesen harten Zeiten, mit meinen Kindern am Strand. Anna und Antonio laufen lachend ihren Drachen nach und zertrampeln dabei die große Sandburg, die sie gerade erst gebaut haben. Mit einem begeisterten »Mama, Mama, schau, wie schön sie fliegen«, stürmen sie auf mich zu.

Als wir später alle vor unserem Wohnmobil bei Kakao, Kaffee und Kuchen sitzen und den Ozeandampfern dabei zusehen, wie sie die Ostsee durchpflügen, bin ich glücklich.

Ein paar Tage später geht es zurück nach Hause. Die Reise ist Abenteuer pur. Wir sitzen, gut eingepackt in Decken, in der untergehenden Sonne an einem kleinen See in Mecklenburg-Vorpommern und rösten an unserem Lagerfeuer Würstchen. Glück und Freude können selbst in schweren Zeiten so einfach sein, wenn wir uns die Erlaubnis dazu geben.

Viele Jahre später werde ich verstehen, dass ich mir aus der Not heraus eine Haltung angewöhnt habe, die in allen östlichen Philosophien als Grundlage für ein gutes Leben empfohlen wird:

Das Glück und die Freude in jedem Augenblick in mir selbst zu finden.

Doch ist es mir auch erlaubt, die Freude zum Entscheidungskriterium in meinem Leben zu machen?

Macht mich das glücklich? Diese Frage stelle ich mir immer wieder und merke, dass dieser Zugang zum Leben in meinem Alltag nicht leicht ist. Denn gleichzeitig muss ich auch immer mit den Folgen meiner Antwort leben.

Zuletzt, als mein unbewusster Chaoswunsch der Erkenntnis Platz machte, dass mein aufgeräumter, persönlicher Raum in unserem Haus mich freuen wird. Der Weg dorthin ist mühsam und ich lerne, was mir bisher fremd war: dass Ordnung viel Zeit braucht. Ich muss alle meine Schubladen und Schränke ausräumen, jedes einzelne Stück in die Hand nehmen und entscheiden, ob es mich noch glücklich macht. Der nächste Schritt, das Übriggebliebene wieder einzuräumen, braucht noch einmal Disziplin und Durchhaltevermögen. Und wenn ich diese Ordnung halten möchte, muss ich mich auch von dem Satz: »Das mache ich später« verabschieden.

Doch freut mich das alles? Ja, auch wenn ich nicht in große Begeisterung ausbreche. Ich weiß, dass es mich glücklich machen wird, mein Zimmer zu betreten, das strahlt und mich mit einer ruhigen Atmosphäre empfängt.

Und außerdem: Freude ist gesund, denn sie stärkt unser Immunsystem und fördert unsere Selbstheilungskräfte. Forscher haben längst belegt, dass glückliche Menschen länger leben als solche, die die Welt in düsteren Farben sehen und griesgrämig durchs Leben gehen.

Empfehlungen

- Machen Sie die Freude zum Ratgeber, was Sie sich erlauben möchten und was lieber nicht.
- Erlauben Sie sich den Satz in Ihr Leben aufzunehmen: »Das mache ich nicht, weil es mich nicht freut.«
- Unterscheiden Sie zwischen Selbstliebe und unangebrachtem Egoismus. Zum Beispiel bei den notwendigen Verpflichtungen, die in einem gemeinsamen Haushalt entstehen.
- Freude braucht Zeit. Nehmen Sie sich den Raum dafür, Dinge zu bemerken und zu genießen, die Ihnen guttun. Und sei es, für fünfzehn Minuten auf einer Bank in der Sonne zu sitzen, obwohl die Arbeit ruft.
- Machen Sie sich nichts daraus, dass es Menschen geben wird, die die Nase rümpfen werden, wenn Freude und Glück Ihnen wichtiger sind als zum Beispiel Leistung. Jeder Mensch darf auf seine eigene Weise zufrieden sein.
- Nehmen Sie die Freude als grundsätzliche innere Haltung in Ihr Leben auf. Das ist nicht immer ganz einfach, aber es lohnt sich, dieses Grundgefühl zu nähren.

- Bücher, die ich empfehle:
  - Deepak Chopra: Bewusst glücklich. Das neue Handbuch zum erfüllten Leben, München 2008
  - Yongey Mingyur Rinpoche: Buddha und die Wissenschaft vom Glück, München 2007
  - Hans-Otto Thomasdorf: Ich suchte das Glück und fand die Zufriedenheit, München 2014

Die Fügung

Als Luise heiratete, war ich ein junges Mädchen, fast noch ein Kind. Ich durfte mit zu ihrer Hochzeit mit einem jungen Bauern vom Sulzberg, weil sie früher unsere Hausangestellte gewesen war. Ich liebte ihr sonniges Wesen und ihre ehrliche, direkte Art. Und vor allem liebte ich ihr Lachen, das laut und fast kindlich aus ihrer Tiefe kam.

Dann verloren wir uns aus den Augen, weil ich in die Welt hinaus ging und Luise mit Helmut den Bauernhof bewirtschaftete und einen Sohn gebar. Ihr Mann starb jung, die Arbeit war hart, aber sie hatte ihr Auskommen und beklagte sich nicht.

Dann kam der Tag, an dem sie vor den Trümmern ihres Lebens stand. Ihr Bauernhof brannte ab, und Luise verlor alles. Jedes einzelne Foto, und damit alle Erinnerungen an ihr altes Leben, jedes Kleidungstück, den Tisch, an dem sie jahrzehntelang gesessen hatte, den alten Küchenschrank, den sie so liebte … Ihr blieb nur noch ihr Leben und Georg, ihr Sohn, der nach dem Brand in die Steiermark ging, weil seine geschiedene Frau mit ihren gemeinsamen Kindern dort lebte.

Luise glaubte an Gott, aber in dieser Zeit haderte sie mit ihm. Wo war er, wenn er ihr nach einem harten Leben alles nahm, was ihr wichtig gewesen war?

Die Versicherung zahlte, Luise baute den Hof nicht wieder auf. Sie kaufte sich im Ort eine Wohnung und merkte plötzlich, dass ihr Alltag hier viel leichter war. Sie ging zu Fuß einkaufen, lernte neue Menschen kennen und lebte mitten in einer Gemeinschaft, statt auf einem alten Hof, der abgelegen in den Feldern stand. Einige Zeit verging, und langsam erlaubte Luise sich den Gedanken, dass dieses neue Leben gut für sie war.

Dann holte ihr Sohn sie in die Steiermark. Sie vermietete problemlos ihre neue Wohnung und hatte plötzlich wieder eine Familie. Das Glück, mit ihren Lieben zu leben und neue Freunde zu gewinnen, machte den schrecklichen Tag, als ihr Hof abbrannte, viele Jahre später zu einem Tag, den Luise als Fügung verstehen lernte.

Das Unglück, bei dem sie alles verlor, hatte ihr ein freudvolleres und leichteres Leben geschenkt. »Ich wäre heute«, sagte sie mir, »eine einsame alte Frau auf einem Hof, den ich nicht mehr bewirtschaften könnte. Was für ein Glück, dass alles so gekommen ist.«

Manchmal dauert es lange, bis wir akzeptieren, dass Weggabelungen uns woandershin führen. Und die Erlaubnis zu vertrauen, dass wir aus der Bahn geworfen werden, weil ein neuer, segensreicher Weg auf uns wartet, ist gar nicht leicht.

Manchmal kommen Fügungen so schnell und direkt zu uns, dass wir sofort verstehen, was diese Synchronizitäten bedeuten sollen. Und manchmal sind die Fugen, die das Schicksal uns präsentiert, so schmerzhaft, dass wir keinen Sinn darin finden können. Dann geht es um die Erlaubnis zu vertrauen, dass auch solche Fügungen unserem Wachstum dienen.

Bewusst oder unbewusst sind wir ständig die Schöpfer und Schöpferinnen unserer Welt und nehmen diese Fugen, die sich in unserer Geschichte auftun, wahr oder gehen daran vorüber. Doch manchmal kommen wir nicht daran vorbei, weil wir nicht mehr gefragt werden, ob wir uns eine Fügung wünschen. Denn in diesem Wort steckt beides: Ich füge mich, und es fügt sich für mich.

Und alle diese Ereignisse, die unsere Wege begleiten, geschehen wie »zufällig«. Doch auch in diesem Wort liegt, dass uns immer wieder etwas »zufällt«.

So wie damals, als ich Carl, meinen zweiten Mann kennenlernte.

Es war dieser einzige Samstag im Monat, an dem meine Kinder in die Kinder-Disko gingen und ich am Nachmittag frei hatte. An allen anderen Wochenenden verbrachten wir unsere Zeit miteinander.

Es schneite, und ich wanderte durch die weiße Landschaft, die plötzlich so anders aussah, und fand die Straße nicht mehr, in der meine spirituelle Lehrerin Irene wohnte. Als ich fast eine halbe Stunde zu spät ankam und mich entschuldigte, sagte sie lächelnd: »Der Mann vor dir hat diese Zeit gebraucht.«

Ich hatte schon immer ein loses Mundwerk und sagte flapsig, als er aus dem Beratungszimmer trat: »Aha, Ihretwegen musste ich mich im Schnee verirren.«

Er lächelte mich an und sagte einfach »Danke. Mein Thema waren starke Frauen in meinem beruflichen Umfeld, die mich herausfordern.«

»Ich bin eine starke Frau«, antwortete ich.

Er schaute mich ruhig an und sagte mitfühlend: »Ich weiß.«

Da stürzte ich mich in seine Arme und weinte bitterlich, weil ich schon mein ganzes Leben lang stark sein musste und weil mich schon so lange niemand mehr gehalten hatte.

Damals kannte ich noch nicht einmal seinen Namen und hätte nie geglaubt, dass dieser fremde Mann im Vorzimmer mein Lebensmensch werden könnte. Doch durch die Begegnung mit Carl verstand ich, dass Mut keine Eigenschaft, sondern ein Prozess ist. Es dauerte Jahre, bis wir es wagten, dieser Fügung mit allen Konsequenzen zu folgen, denn wir waren beide mit wunderbaren Menschen verheiratet.

In jedem Augenblick kann uns eine Fügung einen ganz neuen Weg zeigen, wenn wir uns erlauben, ihn zu gehen. Oder wir erleben Schicksalsschläge, die uns zwingen, unsere eingefahrenen Spuren zu verlassen. Und immer geht es darum, was wir aus dem machen, was uns das Leben bringt.

Denn jede Fuge in unserem Leben, die zur Fügung wird, bringt unsere glatte Oberfläche in eine neue Ordnung. Und ob das Segen oder Katastrophe für uns ist, bestimmen wir selbst.

Empfehlungen

- Finden Sie in den Dingen, die Sie nicht ändern können, das Gute. Dann werden Sie aus ihnen lernen und sie verlieren ihre Bitternis.
- Achten Sie auf Synchronizitäten und gehen Sie aufmerksam durch Ihr Leben.
- Geben Sie sich die Erlaubnis, diesen Fügungen zu folgen, auch wenn es vielleicht Mut braucht.
- Verzagen Sie nicht, wenn in Ihrem Leben etwas geschieht, was schmerzhaft ist. Der Weg der Heilung, und damit zu unserer Schöpferkraft, steht uns immer offen. Was immer Heilung für Sie im Sinne einer höheren Ordnung gerade bedeuten mag.
- Erlauben Sie sich, Ihrer Intuition zu vertrauen, auch wenn Ihre Impulse der Logik widersprechen. Sie ist oft ein besserer Ratgeber als Ihr Verstand.

Der Tod als Ratgeber
für ein gutes Leben

»Der Tod ist uns sicher, er kommt ohne Warnung, dieser Körper wird verwesen.« Ich wiederhole diesen Satz immer wieder, während ich in meiner Mittagspause durch eine mir unbekannte Landschaft wandere, die sich in ihrer herbstlichen Schönheit schon auf den Winter vorbereitet. Und als ich mich auf einem abgestorbenen Baumstamm in die Sonne setze, bin ich so glücklich wie schon lange nicht mehr. Es ist ein ewiger Prozess, dem auch wir Menschen alle unterliegen, so unterschiedlich unsere Leben auch verlaufen mögen. Am Anfang und am Ende sind wir alle gleich. Wenn wir geboren werden und in unserem Sterben. Das verbindet uns.

Das Seminar »Tod und Auferstehung« liegt Jahre zurück und mein Lehrer, Paul Rebillot, dieser Meister moderner Transformationsprozesse, ist längst tot. Aber das Thema begleitet mich noch immer.

Damals, in dieser schönen Landschaft im Elsass, spürte ich zum ersten Mal, dass ich mich viel zu selten frage, ob das, was ich tue, ein Gütesiegel bekommt, wenn ich mich daran erinnere, wie kostbar meine Leben ist. Und nun wollte ich in diesem Seminar das Gefühl meiner Endlichkeit in jeder einzelnen Zelle erfahren, damit ich meine Lebendigkeit noch besser spüren kann.

Es war der dritte Tag. Übermorgen werde ich symbolisch sterben. Bis dahin werde ich meine eigene Grabrede schreiben, mich für meine Todesart entscheiden, bestimmen, welche Musik bei meiner Beerdigung gespielt werden soll und wer die Trauerrede für mich halten wird. Es ist zwar nur ein Seminar, in dem ich meinen eigenen Tod als Inszenierung erlebe, doch diese Erfahrung geht tief.

Ich spüre, wem ich noch grolle, mir wird bewusst, was ich schlecht loslassen kann, ich weine, weil mein Vater mir seine Liebe so schwer zeigen konnte und dass ich meinen Mann und meine Kinder zurücklassen muss.

Bis zu diesen Tagen im Elsass hatte ich mich noch nicht oft mit meinem Tod beschäftigt, das Leben war mir Aufgabe genug. Und wenn ich manchmal daran dachte, war meine Idee, dass ich am liebsten in eine Gletscherspalte falle oder in eine Schlucht stürze, damit ich schnell und schmerzlos weg bin.

Doch nun ist alles anders. Ich merke, wie wichtig es mir ist, dass ich die Chance habe, mich von meinem Mann, meinen Kindern und allen anderen, die ich liebe, zu verabschieden. Wie wichtig es mir ist, dass ich ihnen den Schock meines Todes nicht ohne letzte gute Worte zumute. In meiner Vorstellung meiner letzten Tage liege ich in unserem Wohnzimmer mit Blick auf den See, umgeben von den Menschen, die ich liebe.

Am Tag, an dem ich mein Ende zelebriere, sehe ich mich, wie ich weggehe aus diesem Leben, wie eine alte Indianerin, die sich zurückzieht in die Berge, um dort in Frieden zu sterben.

Als ich in diesem französischen Seminarzentrum symbolisch in meinem Sarg liege, gibt es nichts anderes als Frieden und das Einverständnis mit dem, was ist. Und dann, bei meiner Auferstehung nach einer langen Nacht im imaginären Grab, spüre ich eine unglaubliche Freiheit, die aus der Leere entsteht, wenn es nichts mehr zu wollen und nichts mehr zu erreichen gibt.

Viele Jahre später sitze ich nun am Bett meiner Tante Riki und spüre wieder den Tod und die Kostbarkeit dieser letzten Stunden. Die jüngere Schwester meiner längst verstorbenen Mutter wollte aus der Palliativstation zum Sterben nach Hause, und ich bin berührt von ihrem Frieden und ihrer Dankbarkeit.

»Weißt du«, sagt sie, »in meiner Situation ist alles unwichtig. Ob die Pflegerin das so oder so macht, wie der Plan aussieht, wer mich wann betreuen soll … Ich bin einfach nur dankbar, wie schön mein Leben ist.«

Ihre Kinder haben sie im Wohnzimmer in ihrem Krankenbett ans Erkerfenster gestellt, und sie zeigt auf die Bäume im Garten, die noch so bunt sind und gleichzeitig schon ihr Laub verlieren.

»Dass ich noch ein bisschen in die Natur hinausschauen kann, das ist schön, und dass alle da sind, die ich liebe.«

Ich halte ihre Hand, und wir singen gemeinsam: »Maria durch ein Dornwald ging …«, obwohl noch gar nicht Weihnachten ist. Ich sehe sie als junge Frau im Wohnzimmer meiner Großeltern mit ihren Schwestern, wie sie vielstimmig für uns Kinder dieses Lied singen, das für mich zum Symbol für Gemeinschaft geworden ist.

»Kannst du mir einen guten Rat für mein Leben mitgeben, Tante Riki?«, frage ich sie, bevor ich gehe. Und ich weiß, dass wir uns wahrscheinlich in diesem Leben nicht wiedersehen werden, weil sie siebenhundert Kilometer entfernt von mir lebt.

Sie lächelt dieses wunderschöne, sanfte Lächeln, das ich an ihr schon als Kind geliebt habe, und sagt: »Sei du selbst, lass die anderen sein, wie sie sind, und denk nicht zu viel an die Zukunft, genieß lieber den Augenblick!«

Und zum letzten Mal erzählt sie mir eine Geschichte, so wie früher, als ich ein Kind war: »Ich kenne eine Frau, die sich große Sorgen gemacht hat, was sie mit ihrem Mann anfangen soll, wenn er in Pension geht. Sie hatte Angst, dass sie sich langweilen würden. Also haben sie rechtzeitig ein großes Auto gekauft, damit sie viel reisen können. Dann hatte der Mann einen Schlaganfall und liegt noch immer im Krankenhaus. Das Auto braucht sie jetzt, um ihn zu besuchen.«

Wir planen, wir kämpfen, wir rackern, wir streiten, wir rennen dem Erfolg hinterher und vergessen dabei so leicht, wie kostbar unser Leben ist. Und dass es nichts gibt als den Augenblick. Die Vergangenheit ist schon vorüber und die Zukunft noch nicht da.

Als ich gehe, ruft meine Tante mir noch nach: »Und nimm dir ein Stück vom selbst gebackenen Zopf mit, für deine lange Zugfahrt.«

Diesen Zopf hat sie, die immer alle versorgt hat, diesmal nicht selber gebacken. Zum ersten Mal in ihrem langen Leben wird sie versorgt, umhegt und gepflegt.

Als ich mich noch einmal, ein letztes Mal umdrehe, lächelt Tante Riki mir in diesem kostbaren Augenblick zu und segnet mich mit einer Geste ihrer Hand.

Ein paar Minuten später pflücke ich am Fluss, nicht unweit von ihrem Haus, wilde Blumen und trage den Satz in mir: »Würde ich diesen Augenblick auch so leben, wenn ich bald sterben müsste?«

Und diesmal ist die Antwort ein klares Ja.

PS: Am Tag, als meine Tante starb, erwachte sie am Morgen und sagte zu ihrem jüngsten Sohn, der an ihrem Bett gewacht hatte: »So, und jetzt lass uns gemeinsam noch einmal einen Cappuccino trinken. Das war immer so schön.«

Empfehlungen

- Der Gedanke an den Tod ist in unserer Gesellschaft tabuisiert. Holen Sie ihn als Ratgeber an Ihre Seite, und machen Sie ihn zu Ihrem Barometer für die Kostbarkeit des Lebens.
- Fragen Sie sich immer wieder, ob Sie auch so handeln würden, wenn Sie wüssten, dass Sie nicht mehr lange zu leben haben.
- Wäre ein Streit oder dieses Schweigen oder jene Kränkung dann noch wichtig?
- Würden Sie die gleichen Prioritäten zwischen Privatleben und Beruf setzen?
- Würden Sie dann auf einen Traum verzichten und ihn auf später vertagen?
- Gibt es etwas, was Sie auf jeden Fall noch klären würden, wenn Ihre Zeit auf Erden nur noch kurz bemessen wäre?
- Gönnen Sie sich, so oft Sie können, kostbare Augenblicke. Ein Gespräch mit einem geliebten Menschen, die Sonne im Gesicht auf einer Bank, ein Lächeln für einen fremden Menschen auf der Straße und vieles mehr, das Ihren Alltag schöner macht.

Der Glaube an etwas Größeres

Der Gott meiner Kindheit war streng. Er ließ mich am frühen Morgen, wenn es draußen noch dunkel war, auf harten Kirchenbänken knien. »Schulmesse« hieß das Ereignis, und weil ich in eine Klosterschule ging, hatte ich das Gefühl, dass mein pünktliches Erscheinen um sieben Uhr, meinen Noten heimlich zugerechnet wurde.

Außerdem durften die »braven Kinder« sich nach zehn Messebesuchen ein sogenanntes »Hauchbildchen« aussuchen. Das war eine zarte Kostbarkeit aus farbiger, durchsichtiger, dünner Folie mit wunderschönen Motiven darauf. Die ganz Fleißigen, die nie verschliefen, hatten ganze Schachteln voll davon und tauschten mit Begeisterung mit den anderen braven Schülerinnen Bilder aus. Ich gehörte nie zu dieser beneideten Gruppe, weil ich immer wieder nicht aus dem Bett kam, obwohl meine Mutter, die innig an die Muttergottes glaubte, mich täglich rechtzeitig weckte.

Als Teenager musste ich oft beichten, weil ich in der Schule gelernt hatte, dass der Zungenkuss eine Todsünde sei.

Und als ich fünfundzwanzig war und mir auffiel, dass in der katholischen Kirche für Frauen nur dienende Rollen vorgesehen sind, wurde ich zornig und trat aus dieser Organisation aus.

Damals hatte ich nicht verstanden, dass diese übergeordnete Kraft im Universum oder auch Jesus, den es offenbar wirklich gab, gar nichts mit diesen strengen Regeln zu tun hatten. Also wurde ich Atheistin und glaubte an nichts. Das hatte zur Folge, dass ich auch meine beiden Kinder nicht taufen ließ.

Ein paar Jahre lang ging das gut. Doch eines Tages geriet mein Leben aus allen Fugen, und ich fand mich in einer Situation wieder, in der ich wie eine Ertrinkende nach jedem Strohhalm griff.

Ich erwachte eines Morgens ganz unerwartet als Frau eines Mannes, dessen Gesicht auf internationalen Steckbriefen abgebildet war, und musste damit zurechtkommen. Es war die größte Herausforderung meines Lebens. Dass ich diese vielen Jahre als Frau eines geflüchteten, später inhaftierten und noch später verurteilten Mannes gut überstanden habe, verdanke ich vor allem der Entdeckung, dass es eine größere Kraft jenseits von mir gibt und dass ich mich an sie wenden kann.

Jahrzehnte später fing ich an, diese Geschichte aufzuarbeiten und aufzuschreiben und weinte die Tränen, für die ich damals keine Zeit hatte. Daraus wurde »Lillys Weg«, mein teilweise autobiografischer Roman. Doch was mich am meisten berührte, war diese Fügung, dass ich damals einen spirituellen Weg einschlagen *musste*, um zu überleben.

Der Tag, an dem ich die göttliche Quelle als Ressource entdeckte, war ein ganz normaler Dienstag, an dem ich mich mit meiner Freundin Marietta traf. Sie war eine der wichtigsten Stützen in dieser Zeit, mein Leuchtturm, meine Klagemauer, ein Platz, an dem ich einfach eine Umarmung bekam, ohne dafür etwas leisten zu müssen.

Ich war gerade besonders deprimiert, weil an allen Zeitungskiosken des Landes das Gesicht meines damaligen Mannes auf den Titelseiten erschien. »Geh doch zu Irene«, riet mir Marietta. »Dort findest du den Zugang zur geistigen Welt, das wird dir helfen.« Der Satz war mir vertraut, sie hatte ihn schon viele Male gesagt. Doch bis dahin war mir der Gedanke suspekt gewesen, dass ich mich an eine fremde Frau wenden sollte, die mir helfen könnte, mich mit etwas Größerem jenseits von mir zu verbinden.

Doch weil ich ausreichend verzweifelt war und die Last auf meinen Schultern mich inzwischen niederdrückte, fand ich den Weg zu Irene. Misstrauisch, ungläubig und mit ziemlichem Widerstand. Doch ich sah keinen anderen Ausweg mehr, als diesen »Hokuspokus«, wie ich damals den Kontakt zur Schöpferinnenkraft in mir bezeichnete, auszuprobieren. Ich musste zwei kleine Kinder, einen Mann auf der Flucht und eine erschütterte Schwiegermutter emotional und finanziell versorgen und konnte mir nicht leisten zusammenzubrechen.

An diesem Tag begann für mich ein neues Leben und später eine Freundschaft mit Irene, die mir bis heute kostbar ist.

Damals lernte ich, dass alles, was in meinem Leben geschieht, einer höheren Ordnung folgt und dass es diesen strafenden Gott meiner Kindheit gar nicht gibt. Diese angeblich göttlichen Regeln sind ein von Menschen erfundenes Machtinstrument, um uns einzureden, dass wir grundsätzlich unwürdig, schuldig und schon mit der »Erbsünde« geboren sind.

Irene hat mir geholfen, mein Bewusstsein zu verändern. Ich erkannte, dass ich der Göttlichkeit, auch der in mir selbst, vertrauen darf. Ich erfuhr in jeder einzelnen meiner Zellen, dass meine eigene Schöpferinnenkraft Berge versetzen kann.

Und als ich an diesem Dienstag von ihr wegging, wechselten noch immer Menschen, die ich gut kannte, die Straßenseite, damit sie mich nicht grüßen mussten. Doch ich konnte anders darauf reagieren. Ich stellte mir vor, dass ich mich in einen blauen Schutzmantel hülle, nahm ein Vollbad in meiner eigenen Göttlichkeit und fühlte mich geschätzt und geschützt.

Das hat mir damals mein Leben gerettet.

An jenem Dienstag vor mehr als dreißig Jahren, der mein

Leben verändert hat, wurde mir auch zum ersten Mal bewusst, dass es Fügungen gibt. Sie kommen in mein Leben und rücken mich immer wieder zurecht, auch wenn mein Weg lang war, ihnen ganz zu vertrauen.

Denn immer wieder gab es auch Zeiten, in denen ich gezweifelt habe. Doch dann helfen mir die Erzählungen von Menschen, wie Anita Moorjani, die ihre Erlebnisse auf der anderen Seite in ihrem Buch *Heilung im Licht* beschreibt:

»Während meiner Nahtoderfahrung fühlte ich ganz stark, dass wir alle mit dieser universellen Energie verbunden sind. Sie ist innen, außen und überall um uns herum. Welcher Rasse, Religion, Kultur oder welchem Glaubenssystem wir zugehören, spielt keine Rolle. Wir sind alle großartige, machtvolle Wesen und haben alle Zugang zu ihr, weil diese universelle Energie und wir ein und dasselbe sind.«

Empfehlungen

- Das Vertrauen in etwas, das größer ist als Sie selbst, kann Ihnen helfen, jede Krise in Ihrem Leben besser zu bewältigen.
- Falls Sie gläubig sind und ohnehin gut versorgt sind durch die Unterstützung Ihrer Religion, verurteilen Sie Menschen nicht, die andere Wege gefunden haben, sich mit dem Göttlichen zu verbinden.
- Falls Sie Mühe mit den Dogmen von Religionen haben, entkoppeln Sie Ihren Glauben an Ihre eigene Göttlichkeit davon.
- Gott wohnt nicht nur in Kirchen, Tempeln und Moscheen. Das göttliche Prinzip ist überall, auch in uns selbst.

- Bücher, die ich empfehle:
  - Renate Daimler: Lillys Weg. Roman, Salzburg 2013
  - Anita Moorjani: Heilung im Licht. Wie ich durch eine Nahtoderfahrung den Krebs besiegte und neu geboren wurde, München 2015

Die Geschichte vom Camper 10

Ich spüre, dass dies ein heiliger Tag ist. Es ist ein Spüren, das nichts mit dem Verstand zu tun hat. Ich muss mich noch einmal umziehen, bevor ich weggehe. Ein weißes Wollkleid, mein geweihter Schmuck, ein feines, edles Tuch um den Hals.

Marietta steht schon auf der Straße, als ich sie abhole. Auch sie ist wie eine würdige Göttin gekleidet. Wenn es so etwas wie frühere Leben gibt, dann sind wir schon sehr lange Seelenschwestern auf unserem Weg.

»Lass uns singen«, sagt sie, und während wir durch öde Vorstädte fahren, singen wir unsere Heilungslieder, denn heute werde ich den Camper fahren, in den ich mich verliebt habe. Und wenn er und ich zusammenpassen, dann sind die Würfel gefallen.

Wir sind erst kurz unterwegs, als Tante Riki vor meinem inneren Bild auftaucht. Diese letzte Frau vor mir, die nicht so leben konnte, wie sie es sich wahrscheinlich gewünscht hätte. »Ich spüre, dass sie heute sterben wird«, sage ich zu Marietta, und wir singen für sie das wunderbare indianische Übergangslied:

Buzzard call me back to the wild land,
Heron fly me home.
Journey to the soul of my own land,
where the mothers wait for my return,
Heron fly me home.
(Bussard, ruf mich zurück ins wilde Land, / Reiher flieg mich

nach Hause. / Reise zur Seele meines eigenen Landes, / wo
die Urmütter auf meine Heimkehr warten. / Reiher, flieg mich
nach Hause.)

Ich habe den Segen der Frauen aus meiner weiblichen Ahnenreihe,
das weiß ich, als ich eine halbe Stunde später mit einem über sechs
Meter langen Auto durch die Gegend fahre und spüre, dass meine
Suche jetzt zu Ende ist. Ich werde mir meinen Camper bestellen,
doch nicht ohne vorher mit Carl zu sprechen.

»Wie soll ich es ihm sagen?«, frage ich Marietta, als wir im
Abendverkehr wieder Richtung Wien unterwegs sind. Sie lacht
dieses dunkle, satte Göttinnen-Lachen und sagt liebevoll spöttisch:
»Wie sage ich's meinem Kinde?«

Und plötzlich verschiebt sich mein Bild. Ich bin das Kind, das
sich davor fürchtet, seinem Vater zu sagen, dass es ungehorsam
war. Er ist mein Mann, der bisher in meinem Leben alle meine Entscheidungen respektiert hat, auch die, die ihm nicht gefallen haben.

Das Feuer im Kamin brennt, als ich nach Hause komme. Carl
empfängt mich in einem schwarzen Rollkragenpulli, der sein schönes, kantiges Gesicht noch besser zur Geltung bringt.

»Magst du mir von deiner Ausfahrt mit dem Camper erzählen?«,
sagt er und lächelt mich an. In diesem Augenblick weiß ich, dass er,
noch ehe ich irgendetwas sage, meine Entscheidung akzeptiert hat.

Ich zeige Bilder, erkläre mein Finanzierungsmodell, erzähle von
den Farben, die er haben wird, mein Camper. Der Mann, den ich
liebe, hört mir aufmerksam zu, und als ich zum Ende komme, sagt
er: »Das klingt gut durchdacht. Und was willst du jetzt von mir?«

»Dein Wohlwollen«, sage ich.

Und als er antwortet, breche ich vor Rührung in Tränen aus:
»Mein Wohlwollen hast du. Und wenn du einmal eine Leasingrate
nicht zahlen kannst, dann helfe ich dir.«

Eine halbe Stunde später bestelle ich per E-Mail meinen Camper, der rechtzeitig bis zum nächsten Sommer für mich gebaut und nach meinen Wünschen ausgestattet sein wird.

Am späteren Abend bekomme ich einen Anruf meines Onkels. Tante Riki ist soeben gestorben. Es schließt sich die Tür hinter meinen Ahninnen. Sie lassen mir ihre Stärke zurück und nehmen das Leid der ungelebten Frauenleben dorthin mit, wo es sich auflöst.

Ich bin eine Frau, die ihre Schöpferinnenkraft lebt und sich ihre Träume erfüllt.

Nachwort

oder: Die Reise ist nie zu Ende

Meine Reise mit diesem Buch endet hier. Morgen werde ich mein Manuskript abschicken. Und ich muss damit leben, dass ich vieles nicht gesagt habe, was noch wichtig gewesen wäre … Das ist immer so, denn Bewusstseinsprozesse halten sich nicht an Abgabetermine.

Meine eigene Reise zu mir und meiner Schöpferinnenkraft wird nie enden. Ich werde mich immer wieder vom Strom der Ereignisse und Fügungen in meinem Leben berühren lassen und »das Beste daraus machen«. Das ist einer der guten Glaubenssätze, die ich aus meiner Kindheit mitgenommen habe.

In diesem Jahr, in dem ich mir die Erlaubnis gegeben habe, noch mehr ich selbst zu sein, habe ich mich verändert. Ich bin noch stärker, noch liebevoller, noch authentischer, noch sicherer in meinen Entscheidungen … Und wahrscheinlich tauchen mit der Zeit noch andere Geschenke auf, die ich diesem Buch, das mich so wunderbar geführt hat, verdanke.

Bevor nun meine eigene Reise weitergeht, wünsche ich Ihnen für Ihre eigene Entwicklung viele gute Fügungen.

Zum Abschied möchte ich Ihnen die Geschichte vom Adler und den Hennen erzählen:

Ein Mann ging in den Wald und fing einen jungen Adler. Er nahm ihn mit nach Hause und steckte ihn in seinen Hühnerstall. Eines Tages kam ein naturkundiger Freund zu Besuch und fragte überrascht: »Wieso lebt ein Adler in deinem Hühnerstall?« Der Mann verteidigte sich: »Er ist kein Adler mehr, er ist jetzt eine Henne, ich habe ihn so erzogen.«

Der Freund hatte Mitgefühl mit dem Adler und wollte ihm helfen, wieder fliegen zu lernen. Es brauchte Zeit und Geduld, denn der Adler hatte seine wahre Natur fast vergessen und traute sich nicht, die Flügel zu spreizen. Nach mehreren gescheiterten Versuchen ging der Tierfreund mit ihm auf einen hohen Berg und zeigte ihm den Sonnenaufgang. Da breitete der Adler seine Schwingen aus, flog davon und kehrte nie mehr zurück.

Es ist eine Geschichte, mit der der Missionar James Aggrey die Völker Afrikas zur Freiheit aufrief, und ich fand sie immer wunderbar. Ich habe sie in meinen Seminaren gern erzählt, wenn es darum ging, unser Potenzial zu leben, unser ureigenstes Lied zu singen, unabhängig davon, wie wir aufgewachsen sind.

Und jetzt merke ich, dass dieser Metapher etwas fehlt, und habe das Bedürfnis, sie zu ergänzen:

Doch noch während der Adler nun endlich seiner wahren Bestimmung folgte, fielen ihm seine Freunde, die Hennen, ein. Er flog zurück, kreiste drei Mal über dem Hühnerstall und dankte seinen Gefährtinnen, die ihrer eigenen Bestimmung folgen, mit einem lauten Schrei dafür, dass sie ihm fünf Jahre lang ein Zuhause gegeben hatten.

Ich beschloss, in unserem Garten ein Symbol für diese Haltung der Wertschätzung und des Nichturteilens zu setzen und kaufte drei schöne Hühner aus Glas. Ich setzte sie auf einen ausrangierten grünen Gartenstuhl aus Metall, dem eine Sprosse auf der Sitzfläche fehlte. Dann holte ich meine Malschachtel und schrieb mit Acrylfarbe auf die Rückenlehne: »Wenn du ein Adler bist, achte bitte die Hennen.«

Ich war glücklich über mein Werk und hatte das Gefühl, dass

ich dadurch ein noch liebevollerer Mensch werden könnte. Am nächsten Tag, es hatte in der Nacht geregnet, waren Teile der Schrift schon wieder abgeblättert, weil ich mir das Abschleifen der alten Farbe erspart hatte. Und so kniete ich mehr als zwei Stunden vor meinem Gartenstuhl und schmirgelte ihn ab, um den Satz später neu und haltbar zu schreiben.

Mein Gehirn wird ihn nicht so schnell vergessen. Dafür habe ich mit meiner Hudelei gut gesorgt, denn ich habe den Satz buchstäblich unter meinen Händen gespürt. Manche Veränderungen brauchen einfach ihre Zeit …

Ich wünsche Ihnen einen *wunder*vollen Weg und dass Sie die Menschen, die Ihnen lieb sind oder denen Sie begegnen, achten und wertschätzen können.

PS: Heute ist der 7.7.2017 und ich hole mit meinen Kindern meinen neugeborenen Camper ab. Gestern, als ich unter der Dusche stand, hat sie mir ihren Namen gesagt: »La Nomade« – und ich wundere mich nicht, dass sie im Herzen Frankreich mit seinen Lavendelfeldern liebt, so wie ich auch. La Nomade ist eine umwerfende Schönheit in ihrem satten Göttinnenrot! Anna und Antonio sind begeistert von ihr. Und Carl? Er wartet an unserer Einfahrt und parkt für mich ein, weil ich in meiner Aufregung viel zu nervös bin, um den richtigen Winkel in unserer schmalen Straße zu finden. »Die Nebenwirkungen deines Traums«, wie mein Geliebter es nennt, lassen auch nicht lange auf sich warten. La Nomade steht so stolz und riesengroß in unserm Garten, dass ich fast erschrecke über ihre Präsenz. Und mein Mann findet unser neues Familienmitglied und die Veränderung, die es in unseren Alltag bringen wird, »sehr gewöhnungsbedürftig«.

Und so darf alles nebeneinander Platz haben. Die Freude und eine kleine Angst über das Ungewisse, das mich erwartet.

Dank

Ein Buchwesen ist wie ein Kind, das begleitet werden will. Es wächst und gedeiht, und wenn es dann geboren ist und in die Buchhandlungen kommt, spüren Sie als Leserinnen und Leser wahrscheinlich die Liebe und Hingabe, mit der es entstanden ist.

Mein Dank gilt in der Reihenfolge der Entstehungsgeschichte vielen wohlwollenden Menschen:

Sibylle Meyer, meiner Verlagslektorin, der dieses Thema in der Buchlandschaft fehlte und die mir die Idee dazu geschenkt hat. Ulrike Buergel-Goodwin war meine wunderbare Lektorin und hat meine unkonventionelle Art, Bücher zu schreiben, wieder einmal mit Geduld gefördert und ertragen. Und außerdem gilt mein großer Dank all jenen, die im Hintergrund durch ein schönes Buchcover, eine hinreißende Vorschau und vielem mehr, was ein Buchbaby für ein gutes Leben braucht, beigetragen haben.

Mein Mann Carl, der sich schon daran gewöhnt hat, mit meinen Büchern »Tisch und Bett zu teilen«, während ich schreibe, war in dieser Zeit mein inspirierendstes Gegenüber. Ihm verdanke ich nicht nur viele Erkenntnisse über mich selbst, sondern auch einen Großteil meines Wissens zum Thema »Überzeugungssysteme«. Er hat mir seine Manuskripte zu seinem Spezialgebiet, »Change your Beliefs«, zu dem er hoffentlich bald selbst publizieren wird, großzügig zur Verfügung gestellt und mein Kapitel »Muster im Kopf« kritisch gelesen und mir viele wertvolle Impulse gegeben.

Meine Freundin Maria war wieder meine treueste »Vor«-Leserin und hat mit mir in »unserem« Buch gelebt. Es gibt keinen Text, den sie nicht mehrfach gelesen und kommentiert hat. Elke hat mir wieder ihre pragmatische Art geschenkt und nicht nur mitgelesen, sondern sich auch bemüht, mir zu vermitteln, dass ein Camper vor allem praktisch sein soll. Gerlinda verdanke ich, dass mein fahrendes Wohnzimmer Dusche und Toilette hat. Marietta war meine seelische Stütze, wenn es zwischendurch in mir zappenduster war, weil ich mein eigenes Versuchsobjekt der Erlaubnis war. Mein Bruder Johannes und meine Freundin und Schwägerin Elisabeth haben mir mit ihrem »Alltagsblick« auf komplexere Texte sehr geholfen und mir dabei zur Entspannung immer ein Glas Sekt serviert.

Den Menschen, deren Geschichte ich erzählen durfte, danke ich genauso wie Berti, der Schwanengans, die zur rechten Zeit am passenden Ort war.

Und jetzt verabschiede ich mich in ein gutes Leben und freue mich schon auf Ihre Rückmeldungen, falls Sie Lust dazu haben!

Wenn Sie mein Buch inspiriert hat, empfehle ich Ihnen meine Workshops und Vorträge: E-Mail an east@renatedaimler.com. Siehe auch meine Website www.renatedaimler.com

Quellennachweis

61/62   Dr. Joe Dispenza, Du bist das Placebo. Bewusstsein wird Materie, KOHA-Verlag 2014. © 2014 KOHA-Verlag GmbH Burgrain. Mit freundlicher Genehmigung des Verlags.

71   Gerald Hüther, Bedienungsanleitung für ein menschliches Gehirn, Göttingen 2010

127   Daniel Erk, »Ein Leben auf der Streckbank« ZEIT-Magazin Online, 5.9.2016

142   »Konsens«, Wikipedia-Eintrag, abgerufen am 20.07.2017

155/156   Ellen Jane Langer, Mindfulness. Das Prinzip Achtsamkeit. Die Anti-Burn-out-Strategie, München 2015

158/159   Norman Doige, Neustart im Kopf. Wie sich unser Gehirn selbst repariert. Frankfurt am Main 2014

192   Sakyong Mipham, Wie der weite Raum. Die Kraft der Meditation, München 2005. © 2005 dtv Verlagsgesellschaft, München. Mit freundlicher Genehmigung der dtv Verlagsgesellschaft, München.

210   Anita Moorjani, Heilung im Licht. Wie ich durch eine Nahtoderfahrung den Krebs besiegte und neu geboren wurde, München 2015

Wild und weise leben

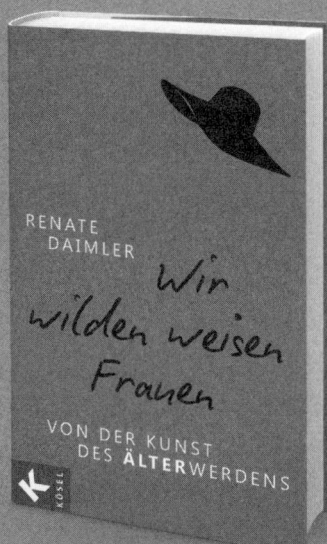

Entdecken Sie, wie aufregend es ist, älter zu werden und eine »Beautiful Old Woman« zu sein. Eine, die mit Lust und Esprit ins Leben eintaucht. Eine, die mit Charme, Klugheit und Selbstsicherheit ihre Mitmenschen inspiriert. Eine, die Königin im eigenen Land ist.